LOI

DU 9 JUILLET 1838

SUR

L'ADMINISTRATION ET LA DIRECTION DES DOUANES DE LA RÉPUBLIQUE D'HAÏTI.

(EXTRAIT DU CAHIER DE FÉVRIER DES NOUVELLES ARCHIVES DU COMMERCE.)

PARIS,

IMPRIMERIE DE BRUNEAU, SUCCESSEUR DE MOREAU,

ÉDITEUR DES NOUVELLES ARCHIVES DU COMMERCE,

RUE MONTMARTRE, N° 39.

1839.

RÉPUBLIQUE D'HAITI.

LOI

SUR

L'ADMINISTRATION ET LA DIRECTION DES DOUANES.

Le Président d'Haïti a proposé, et la Chambre des représentans des communes a discuté et adopté la loi suivante.

TITRE 1er. — *Dispositions générales.*

Art. 1er. Les douanes étant établies pour la perception des droits d'entrée et de sortie sur les marchandises et denrées importées ou exportées par le commerce, soit d'outre-mer, soit du cabotage intérieur, toutes tentatives ou entreprises dont le but sera de frustrer en tout ou en partie les droits de l'Etat, déterminés par la loi, seront considérées et classées comme délits ou crimes, et seront poursuivies et punies conformément à la présente loi.

2. Tous Haïtiens ou tous étrangers, convaincus d'avoir participé, soit directement, soit indirectement, dans la frustration des droits de douane revenant à l'Etat, seront passibles des peines établies par les articles 409, 326, 327 et 328 du Code pénal, relatifs au larcin et au vol.

Les tentatives ou exécutions de contrebande à main armée, seront assimilées, pour la punition, au vol ou aux tentatives de vol à main armée.

Tout étranger condamné en vertu des articles suscités, après avoir subi la peine à laquelle il aura été condamné, sera renvoyé de la république, et ne pourra jamais y revenir, à peine d'être poursuivi de nouveau et transporté hors du pays. Communication sera faite, à cet égard, par la voie diplomatique, s'il y a lieu, au gouvernement de la nation à laquelle il appartiendra.

3. Tout bâtiment, soit du commerce de longcours, soit du cabotage, ou toute autre embarcation qui aura servi à faire la contrebande, soit en recevant à son bord les marchandises ou denrées qui n'auraient pas passé régulièrement par les douanes, soit en débarquant de son bord des marchandises ou denrées ailleurs qu'aux douanes établies, seront, ainsi que les marchandises ou denrées, confisquées au profit de la république, et vendues judiciairement.

La moitié du produit net de la vente des bâtimens, marchanchandises et denrées, appartiendra à celui ou ceux qui auront signalé la fraude.

4. Tout individu qui, sans appartenir aux bâtimens du commerce de long cours, ou à ceux du cabotage, aura aidé et favorisé le transport, soit au débarquement, soit à l'embarquement des marchandises qui n'auraient pas passé régulièrement par les douanes : tout individu qui aura sciemment reçu en dépôt des marchandises ou denrées résultant de la contrebande, sera arrêté, poursuivi et condamné d'après les articles 44, 45, 46 et 47 du Code pénal, comme les complices dans les vols.

5. Les agens des douanes, sans distinction, ceux de l'administration des finances, les agens de la police militaire et tous les citoyens auront droit de provoquer la vérification, par le juge de paix ou le ministère public, des magasins, soit des consignataires, soit de leurs agens, afin de découvrir les marchandises ou denrées qui auraient été introduites furtivement ou en frustration des droits revenant à l'État, et tout ce qui sera reconnu avoir été introduit en contravention à la loi, sera confisqué et vendu au profit de l'État : la moitié du produit net appartiendra à celui qui aura signalé la fraude.

Les personnes reconnues coupables de ces introductions frauduleuses seront poursuivies et condamnées d'après l'art. 2 ci-dessus.

Dans tous les cas de provocation de visites des lieux, le conseil des notables, le juge de paix et le commissaire du gouvernement formeront un jury extraordinaire pour apprécier la dénonciation, avant qu'aucune visite domiciliaire puisse avoir lieu.

6. Les agens des douanes demeurent autorisés à opérer, lorsqu'ils le jugeront convenable, des recherches sur les personnes au moment de leur débarquement des bâtimens, soit du commerce extérieur, soit du cabotage, afin de découvrir les objets qu'on tenterait de soustraire aux droits de douane.

Les personnes trouvées en contravention seront poursuivies d'après les dispositions du présent titre.

7. Toutes les actions ou poursuites contre les contrevenans aux dispositions de la présente loi, seront dirigées par le ministère public du ressort extraordinairement devant les tribunaux compétens, soit à la réquisition des directeurs et agens de douane, soit à celle de l'administrateur ou des agens de l'administration des finances, soit à celle de l'autorité chargée de la police militaire, soit enfin d'office.

TITRE II. — *Des droits d'importation, d'exportation et de navigation.*

8. Les droits de douane à prélever dans les ports ouverts se divisent en deux classes : l'une affectant les marchandises ou produits de toute nature, tant à leur importation dans la république, qu'à leur exportation du pays à l'étranger ; l'autre affectant le corps des bâtimens fesant le commerce extérieur.

9. Les marchandises ou produits de toute nature non prohibés,

venant des pays étrangers, soit par bâtimens nationaux, soit par bâtimens étrangers, seront assujétis, à leur entrée dans les ports ouverts de la république, à un droit fixe d'importation, conformément au tarif annexé à la présente loi, sous le n° 1er.

Le droit d'importation continuera à être payé, dans tous les cas, en monnaie étrangère, conformément à la loi en date du 14 juillet 1835.

10. Il sera également perçu sur les mêmes marchandises ou produits, mais en monnaie du pays, là où il y a des warfs, un droit de warfage, conformément au tarif n° 3.

11. Ceux des produits ou marchandises, n'importe leur désignation, qui se vendent à la livre, au quintal ou par tonneau, par piétage ou par quantité, paieront, en monnaie nationale, un droit de pesage et de mesurage, conformément au tarif n° 4.

12. Le droit de consignation sera perçu en monnaie du pays, sur le montant total du droit fixe d'importation desdites marchandises, à raison de *six pour cent* pour les consignations aux maisons de commerce étrangères, et de *deux pour cent* pour les consignations aux maisons de commerce haïtiennes.

13. Les droits d'importation et le droit de tonnage seront augmentés d'un droit additionnel calculé sur la masse totale desdits droits à raison de 10 pour cent, payable en monnaie étrangère sur les marchandises et bâtimens des nations qui n'entretiendraient pas, dans la république, des consuls ou des agens consulaires accrédités près le gouvernement.

14. Les productions du sol et de l'industrie d'Haïti, dont l'exportation est permise, paieront, en monnaie du pays, à leur sortie du territoire de la république, un droit fixe, conformément aux taxes déterminées dans la première colonne du tarif n° 2 annexé à la présente loi.

15. Les productions mentionnées en l'article précédent seront pareillement assujéties aux droits de warfage et de pesage, prévus aux articles ci-dessus, 10 et 11, et tels qu'ils sont fixés aux tarifs y relatifs.

16. Les bâtimens étrangers venant d'outre-mer, ou y allant, paieront avant leur départ des ports ouverts de la république, en monnaie étrangère, pour tous droits de tonnage, d'ancrage, de port et d'expédition, une gourde pour chaque tonneau, d'après la constatation de leur capacité établie d'après les papiers des bâtimens.

17. Les bâtimens fesant le commerce extérieur arrivant en Haïti, ne pourront relever d'un port à un autre. Ceux, cependant, qui, pour cause de force majeure dûment constatée, seront contraints de relâcher dans un des ports ouverts de la république autre que celui de leur destination originaire, ne pourront, sans une autorisatisn spéciale, y débarquer aucune marchandise.

18. Là où il existera des fontaines marines pour l'usage des bâtimens fesant le commerce extérieur, chacun de ces bâtimens paiera un droit en monnaie nationale, conformément au tarif n° 5.

19. Les droits de douane établis tant à l'importation qu'à

l'exportation, le droit de consignation et ceux affectant le corps des bâtimens par la présente loi, seront versés en masse au trésor public par les consignataires desdits bâtimens, avant que ces derniers puissent obtenir leurs feuilles d'expédition pour l'étranger.

Dans tous les cas, les consignataires sont responsables, envers l'Etat, des droits dus par les cargaisons et bâtimens à leur consignation.

20. L'impôt territorial établi sur les productions du sol et de l'industrie d'Haïti, continuera, comme par le passé, d'être retenu par les consignataires, et d'être, par eux, payé au trésor public à l'exportation desdites productions, ensemble avec les autres droits de douane, et ce, conformément aux taxes déterminées en la deuxième colonne du tarif n° 2 annexé à la présente loi.

21. Les marchandises ou produits venant de l'étranger et non désignés au tarif n° 1er, seront évalués par trois commerçans patentés, d'après le cours en gros desdites marchandises sur la place au moment de leur importation, et le droit fixe sera prélevé d'après cette évaluation sur chaque article, en le calculant à raison de *douze pour cent*, payable de la même manière qu'il a été dit à l'article 9, sans préjudice des droits de warfage, de pesage et de consignation auxquels ils sont assujétis.

22. Les produits ou marchandises venant de l'étranger, introduits dans un des ports ouverts de la république, par suite du naufrage du bâtiment à bord duquel ils étaient chargés, s'ils sont réclamés pour être vendus dans le pays, seront assujétis aux droits d'importation, de pesage, de warfage et de consignation établis par la présente loi; et dans le cas où leurs réclamateurs voudraient les exporter, ils seront tenus de les déposer dans un magasin de la république, jusqu'au moment de leur exportation, et paieront, dans ce cas, en monnaie étrangère, pour droit d'entrepôt, *deux pour cent* sur la valeur de l'estimation qui en sera faite, conformément à l'article précédent. Après un an de dépôt, si ces objets n'étaient pas exportés, ils seront vendus publiquement pour le compte de qui il appartiendra, et les droits de l'État seront prélevés conformément à la loi.

23. Si les produits ou les marchandises mentionnés en l'article précédent, n'étaient pas réclamés dix jours après leur sauvetage, ils seront vendus à l'encan public, à la diligence des agens supérieurs de la douane et de l'administration, ainsi qu'à celle du ministère public, pour le compte de qui il appartiendra : le montant des droits d'importation sera payé, en monnaie étrangère, à raison de *douze pour cent*, sur le produit total de la vente, sans préjudice des droits de warfage et de pesage ; et l'excédant, distraction faite des frais d'encan, sera versé au trésor public pour être remis au propriétaire desdits produits ou marchandises, si la réclamation en est faite dans le délai de trois ans.

24. Les marchandises et produits venant de l'étranger, dont l'avarie aura été légalement constatée, seront envoyés à la vente publique, et le montant des droits d'importation sera payé en

monnaie étrangère, à raison de *douze pour cent*, sur le bordereau de la vente de l'encanteur, vérifié par la douane et visé par le ministère public, et ce, sans préjudice des droits de warfage et de pesage mentionnés aux articles 10 et 11 ci-dessus.

25. Les avaries des marchandises débarquées seront constatées à l'heure même de leur débarquement par le directeur de la douane, le ministère public et trois négocians patentés, et il en sera dressé procès-verbal en bonne forme, que le consignataire adressera avec sa réclamation à l'administrateur du lieu, dans les vingt-quatre heures qu'il aura été dressé : passé ce temps, aucune réclamation pour cause d'avarie ne pourra être admise.

26. Sont déclarés francs de tous droits de douane à l'importation, les projectiles et bouches à feu de tous calibres et de toutes sortes, les fusils de munition avec baïonnettes, les mousquetons, pistolets et sabres de cavalerie pour troupes, les briquets d'infanterie, les monnaies d'or et d'argent, les machines propres à faciliter l'exploitation du sol ou la préparation des produits du pays.

27. Sont prohibés à l'importation, les bois d'acajou et d'espinille, de campêche, de gaïac, le bois jaune, dit fustic, le café, le coton en soie, le cacao, le sucre brut et terré, le rum, le tafia, le sirop de batterie, la mélasse, les cuirs en poil, les cannes, fouets et parasols renfermant des épées ou stilets, ou autres armes, les livres, gravures, tableaux, estampes, ou autres ouvrages, n'importe leur nature, qui seraient contraires aux bonnes mœurs.

28. Sont prohibés à l'exportation, les armes blanches et à feu, les munitions ou autres articles de guerre, les jumens, les ânesses, les mules et mulets, et les bois de construction navale.

TITRE III.—*De l'arrivée des bâtimens du commerce de long cours dans les ports ouverts.*

Art. 29. Les chefs des mouvemens des ports ouverts, sous leur responsabilité personnelle, et sous peine de destitution, veilleront à ce que personne autre que le pilote et les agens de douane, dépêchés par les directeurs, ne mette le pied à bord des bâtimens du commerce étranger, tant que les formalités d'arrivée, comme il sera désigné par les articles suivans, n'auront pas été remplies.

30. Aussitôt qu'un bâtiment de commerce venant de long cours se présentera devant le port, le chef des mouvemens du port accompagnera, ou fera accompagner par le major des pilotes, l'agent ou les agens de douane, que le directeur de cette administration aura jugé devoir y envoyer.

L'agent de la douane procédera immédiatement à l'apposition des scellés sur les écoutilles ou panneaux du bâtiment, en dressant procès-verbal d'inventaire de tout ce qui sera trouvé sur le pont ou dans la chambre et qu'il n'aurait pas pu faire entrer dans la cale.

Après ces formalités, l'agent de la douane et le pilote débarqueront avec le capitaine du bâtiment, lequel sera immédiatement accompagné par le sous-chef des mouvemens du port, chez le commandant de la place, et de là à la douane, pour y faire la déclaration d'arrivage.

31. Le directeur de la douane pourra, quand il le jugera convenable, envoyer à bord du bâtiment, jusqu'à nouvel ordre, un ou plusieurs agens de la douane, pour veiller à la conservation des droits de l'Etat.

32. Les passagers venant par le bâtiment arrivé, seront menés, en débarquant, devant le commandant de la place.

33. Le capitaine du bâtiment arrivant, aura 48 heures pour faire sa déclaration d'entrée, et se soumettre à l'exécution de la loi sur tout ce qui est relatif au commerce étranger.

Dans le cas où le bâtiment relèverait pour un port étranger, il paiera, en monnaie étrangère, pour tous droits d'ancrage, etc., *vingt-cinq gourdes*, et les scellés ne seront levés que lorsque le bâtiment aura mis sous voile.

34. L'interprète juré sera, de rigueur, tenu d'assister le capitaine du bâtiment dont la langue ne serait pas celle en usage dans la république, et qui ne pourrait pas en faire usage, à l'effet de rendre cette déclaration authentique.

35. Le chef des mouvemens du port, l'interprète juré et le directeur de la douane seront chacun individuellement obligés, sous leur responsabilité personnelle, et à peine de destitution, s'il y a lieu, d'envoyer à la fin de chaque mois, à la chambre des comptes et à l'administrateur des finances de l'arrondissement, un état détaillé des bâtimens qui, pendant le mois, seront arrivés de l'étranger, ou seront sortis pour l'étranger.

Aux mêmes époques et sous la même responsabilité, pareil état sera adressé par le commandant de la place au commandant de l'arrondissement duquel il relève, et, par celui-ci, à la secrétairerie générale.

TITRE IV.—*De l'entrée en douane des bâtimens de commerce venant de l'étranger.*

36. A l'expiration des 48 heures accordées par l'article 33, au bâtiment arrivant de l'étranger, s'il n'a point relevé pour un port étranger, le capitaine sera tenu de se faire accompagner par un négociant consignataire patenté, ou son agent, et par l'interprète juré pour la langue dont il se servira, si elle n'est pas celle en usage dans la république, afin de faire la déclaration de l'entrée en douane de son bâtiment, et de son obligation de se soumettre aux règles établies par les lois et règlemens en vigueur, affectant le corps de son bâtiment, ainsi que les marchandises de sa cargaison d'importation et celles qui composeront sa cargaison d'exportation, et ce, sous toutes les peines établies par ladite loi ou lesdits règlemens.

Ces déclaration et obligation seront transcrites de suite sur un registre expressément tenu, et seront signées par le capitaine, par le négociant consignataire ou son agent, par l'interprète, s'il y en a un, et par le directeur de la douane.

Le capitaine du bâtiment sera tenu de déposer en même temps les papiers de mer de son bâtiment, ainsi que les expéditions en bonne et due forme de la douane du port étranger de son départ; il sera en outre tenu de présenter au directeur de la douane le manifeste original de la cargaison, sans distraction aucune des objets, articles ou marchandises dont la cargaison du bâtiment sera composée.

Le manifeste devra faire mention du nombre de malles, caisses, emballages, colis ou futailles quelconques, etc., etc., ainsi que des numéros, marques et contre-marques de chaque malle, caisse, emballage, colis ou futaille.

37. Le manifeste qui sera présenté devra, pour être considéré authentique, avoir été arrêté et signé au port étranger de l'expédition du bâtiment par les autorités de la douane dudit port, et visé par le consul ou agent consulaire de la république, s'il s'en trouve dans le lieu de l'expédition.

38. Le capitaine de bâtiment qui ne pourra pas produire le manifeste dans les formes voulues par l'article précédent, sera tenu de remettre au directeur de la douane un état détaillé, certifié et signé par lui, du chargement à l'étranger de son bâtiment, lequel état il relevera de son journal de bord, ainsi que des connaissemens en sa possession.

Cet état sera copié au livre des manifestes, comme il est établi en l'article suivant.

39. Le manifeste mentionné aux articles 36 et 37 sera déposé à la douane et immédiatement copié sur le registre des manifestes qui sera tenu à cet effet; le capitaine et le consignataire, ou son agent, seront tenus de déclarer à la suite de cette transcription, toutes les marchandises ou objets quelconques qu'ils entendront destiner pour l'exportation à l'étranger.

Cette déclaration, ainsi que la transcription des manifestes, seront aussitôt signées par le capitaine, le consignataire ou son agent, l'interprète, s'il y en a un, et le directeur de la douane.

40. Le directeur de la douane fera extraire, dans les vingt-quatre heures, du livre des manifestes, la copie de celui dont il est dépositaire, ainsi que des déclarations des objets destinés pour l'exportation, et certifiera et signera ledit extrait qu'il remettra au consignataire du bâtiment, pour obtenir de l'administrateur des finances de l'arrondissement, le permis de débarquer la cargaison, lequel permis sera délivré par un simple ordre, l'administrateur gardant la copie du manifeste et des déclarations y attachées, pour servir à opérer au besoin des contre-vérifications.

Il en sera de même pour les états fournis d'après l'article 38 pour les bâtimens qui n'auraient pas le manifeste exigé par l'art. 37.

41. Le directeur de la douane qui aura négligé, pour l'entrée en douane des bâtimens du commerce étranger, l'accomplissement des formalités prescrites au présent titre, sera signalé par l'administrateur des finances de l'arrondissement à l'autorité supérieure, pour obtenir son remplacement, s'il y a lieu.

42. L'administrateur enverra, à la fin de chaque mois, à la chambre des comptes, les manifestes dont il a été question en l'article 37, ou les déclarations de manque de manifeste, suivant l'article 38.

TITRE V. — *Du déchargement des bâtimens du commerce de long cours; de la vérification des marchandises, et du classement des droits relatifs aux importations.*

43. Dès que le consignataire d'un bâtiment du commerce extérieur déclarera vouloir commencer à opérer son déchargement, le directeur enverra reconnaître, par un agent de la douane, l'état des scellés apposés en vertu de l'article 30, titre 3 de la présente loi, et fera opérer en même temps le récolement du procès-verbal d'inventaire, dressé en vertu de l'article suscité, des marchandises ou autres articles laissés sur le pont ou dans la chambre du bâtiment, comme n'ayant pu entrer dans sa cale.

L'agent de la douane restera à bord tout le temps du déchargement, et ne pourra descendre que lorsqu'il y aura suspension, sauf à être relevé, s'il est nécessaire, par un autre agent de la douane.

44. Le directeur de la douane fera établir, sur un cahier à souche, tenu exprès pour le débarquement des cargaisons d'importation, coté et paraphé par l'administrateur, la déclaration du consignataire ou de son agent, jour par jour, des marchandises qui devront être débarquées du bâtiment en déchargement, et qui pourraient être vérifiées dans la journée. Cette déclaration faite à gauche de la demi-page, portera une série de numéros d'ordre dont le renouvellement commencera avec chaque trimestre, et sera datée et signée par le consignataire ou son agent.

Cette déclaration devra porter les numéros, marques, contremarques des malles, caisses, colis ou emballages quelconques, en spécifiant en toutes lettres le nombre des malles ou divers colis, d'après le manifeste du bâtiment; et lorsqu'il n'y en aura point eu, d'après l'état de chargement à l'étranger, qu'aura fourni le capitaine, suivant les articles 37 et 38, titre 4.

45. Le directeur de la douane délivrera le permis extrait du cahier à souche sur la demi-page en regard de la déclaration dont il est question en l'article précédent; ce permis, qui ne validera que pour le jour de sa date, répétera le contenu de la déclaration, et portera le même numéro et la même date: il restera attaché au cahier à souche, pour recours au besoin.

46. Chaque page du cahier à souche portera le timbre de 12 c. 1/2, et chaque rôle sera consacré pour une seule déclaration et un seul permis.

47. Les déchargemens commenceront toujours à s'opérer par les articles ou marchandises existant sur le pont ou dans la chambre du bâtiment.

Au fur et à mesure du débarquement, l'agent de douane qui

sera à bord, prendra note du nombre des colis, de leurs numéros et de leurs différentes marques.

48. L'agent de la douane désigné pour recevoir les marchandises ou autres objets au moment de leur débarquement, constatera, en présence du consignataire ou de son agent, qui sera tenu de lui faire remise du permis mentionné en l'article 44, les objets débarqués, en confrontant les numéros, marques, contre-marques des malles, caisses, colis ou autres emballages quelconques, et en rendra compte au directeur de la douane, en lui remettant le permis pour le débarquement, au dos duquel l'employé écrira : *Vu, débarqués*, et signera.

49. Le directeur de la douane se mettra aussitôt en œuvre d'opérer ou de faire opérer la vérification la plus détaillée des objets débarqués, en faisant leur récolement avec le permis qui lui aura été remis par l'employé chargé de ce service.

50. Le directeur de la douane portera, en même temps que la vérification s'opérera, sur le compte particulier ouvert dans le livre d'importation pour chaque déchargement, séance par séance, les articles vérifiés.

Ce compte sera intitulé : *Vérification de la cargaison d...... l..... arrivé le...... et consigné à.....*; la marque, le numéro, etc., des caisses ou emballages, colis, malles, balles et futailles, seront mis en marge du compte. Le droit fixé par le tarif, des marchandises vérifiées, sera également porté à la suite de chaque article ; et le directeur de la douane, ainsi que le consignataire ou son agent, qui auront opéré la vérification, certifieront et signeront aussitôt au registre qui sera écrit sans blanc, ou rature indéchiffrable ; et il sera de suite délivré au consignataire copie signée de la douane, de l'inscription de la vérification du jour.

51. Il sera fait mention sur le livre des manifestes, jour par jour, du déchargement de chaque bâtiment, et, en marge de chaque article, des objets qui auront été débarqués et trouvés justes.

52. Tous articles trouvés en plus dans les colis, futailles ou emballages quelconques, lors des vérifications, seront saisis et confisqués au profit de l'État, et vendus publiquement : le quart du net produit de la vente sera distribué aux employés de la douane, et le reste versé au trésor public.

53. Après que le pont et la chambre du bâtiment en déchargement auront été dégagés des marchandises qui s'y trouvaient, les scellés apposés sur les écoutilles et panneaux seront levés par l'employé de la douane, pour faire extraire les marchandises et effets portés dans le permis de débarquement pour le jour, délivré par le directeur de la douane, en vertu de l'article 45 ; et aussitôt que ces marchandises et effets seront mis dans l'embarcation pour les porter à terre, l'employé de la douane fera fermer les panneaux et écoutilles, et procédera aussitôt à l'apposition de nouveaux scellés : il sera ainsi procédé jusqu'à l'entier déchargement du bâtiment.

54. Les marchandises ou effets déclarés pour l'exportation, seront débarqués et déposés dans les magasins de la douane, pour

être remis à bord du bâtiment, ou de tout autre bâtiment allant au port étranger de leur destination.

Ces marchandises ainsi déposées ne seront assujéties qu'au droit de warfage pour le chargement et le déchargement ; et leur dépôt ne pourra durer que pendant le temps que le bâtiment qui les aurait importées restera dans le port.

55. Aussitôt que le bâtiment du commerce étranger aura entièrement opéré son déchargement, le directeur de la douane en donnera avis à l'administrateur des finances de l'arrondissement, et il fera aussitôt établir la feuille générale des droits d'importation, en relevant les inscriptions des vérifications du livre des comptes particuliers mentionnés en l'article 50 : à cette feuille seront attachés les permis de débarquement mentionnés en l'article 46 ; et elle sera adressée à l'administrateur des finances, pour opérer lesdites vérifications.

TITRE VI. — *De l'exportation des denrées de toute nature et marchandises ; de la constatation de leurs qualité, poids, mesure ; et de l'établissement des droits.*

56. Préalablement au transport à la douane des denrées ou marchandises destinées pour l'exportation, le consignataire, ou son agent, sera tenu de prévenir, la veille, le directeur de la douane de ce qu'il aura intention d'embarquer le lendemain ; le jour arrivé, il ne présentera que ce qui aura été reconnu possible de peser, vérifier et embarquer dans la journée même.

57. Le directeur désignera l'employé qui, de concert avec le peseur, comptera les sacs, futailles, emballages ou colis, denrées ou marchandises, à leur arrivée aux balances, d'après ce qui aura été arrêté la veille, en vertu de l'article précédent. Le peseur prendra note de son côté, sur un cahier coté et paraphé par le directeur, de ce qu'il aura à peser, mesurer, jauger, etc. ; et l'employé dont il vient d'être parlé, prendra aussi de son côté, sur le cahier à ce destiné, note de ce qu'il aura compté ; il paraphera cette note, et remettra le cahier au directeur.

58. Le peseur procédera aussitôt à peser, mesurer, jauger les denrées ou marchandises à embarquer ; il transcrira immédiatement à gauche d'un cahier à souche, semblable à celui mentionné en l'article 44, titre 5, mais coté et paraphé par le directeur de la douane, le poids, la mesure, le jaugeage, etc., de ce qu'il aura pesé, mesuré ou jaugé ; il portera en marge les marques et numéros des futailles, sacs, balles ou colis quelconques, et il remettra aussitôt au consignataire, ou à son agent, copie de cette constatation sur la partie droite du rôle à souche.

59. La transcription des pesées, mesurages, jaugeages, etc., établie par l'article précédent, portera une série de numéros, du commencement à la fin de chaque trimestre : elle sera datée et signée par le peseur et par le consignataire ou son agent ; la copie fournie au consignataire ou à son agent, portera les mêmes dates et numéros que la transcription, et ne sera signée que du peseur.

60. Le consignataire ou son agent présentera, sur-le-champ, au directeur de la douane, la copie qui lui aura été remise par le peseur. Le directeur gardera cette copie en la faisant transcrire immédiatement sur le livre d'exportation, au compte particulier du bâtiment en chargement, pour l'établissement des droits ; le consignataire ou son agent signera cette transcription.

Le directeur délivrera un permis d'embarquement, sur un timbre de 12 c. 1/2, mentionnant les numéros, marques, quantité de futailles, sacs, balles ou colis quelconques, des objets à embarquer, et leurs poids et mesures ; il désignera l'employé qui devra voir mettre dans l'embarcation, pour porter à bord, les articles mentionnés au permis : cet employé écrira au dos dudit permis · *vu et embarqués*, après s'être assuré de l'exactitude des objets embarqués, et signera. Il fera remise de ce permis au directeur, qui, dans le délai convenable, dépêchera à bord un autre employé pour voir mettre dans le bâtiment en chargement, les objets embarqués de la douane, en prendre note et procéder, après la mise dans la cale, à l'apposition des scellés sur les panneaux et écoutilles du bâtiment.

61. A chaque embarquement des denrées ou autres objets d'exportation, les mêmes formalités détaillées aux articles précédens du présent titre, seront observées. Le directeur de la douane fera procéder, à chaque fois, à la levée des scellés, pour mettre à même de faire les nouveaux chargemens, et à leur apposition aussitôt que lesdits chargemens seront effectués.

62. Lorsqu'il arrivera que la cale du bâtiment sera bondée, et qu'il faudra mettre des denrées ou marchandises dans la chambre ou sur le pont, il sera dressé procès-verbal, par l'employé de la douane, des objets qui seront ainsi placés ; il en sera laissé expédition au capitaine, afin qu'en cas de vérification inopinée, il puisse être constaté ce que de justice.

63. La tare pour les futailles, contenant des denrées, sera prélevée à raison de 10 p. 0/0, et les sacs à raison d'une livre et demie chaque.

64. Aussitôt que le bâtiment en chargement aura complété la mise à bord des denrées ou articles de son exportation, le consignataire en informera le directeur de la douane, qui donnera avis à l'administrateur des finances de l'arrondissement. Le directeur fera aussitôt dresser le bordereau général de tous les droits d'exportation, qu'il adressera à l'administrateur, accompagné des certificats de pesage, mesurage, jaugeage, etc., ainsi que des permis mentionnés en l'article 60. Ce bordereau sera transcrit au livre général des droits d'exportation.

TITRE VII. — *Dispositions communes aux importations et aux exportations.*

65. Si les scellés apposés à l'entrée, pendant le déchargement et pendant le chargement du bâtiment, n'étaient pas trouvés sains et entiers, et si les objets laissés sur le pont ou dans la chambre du

bâtiment, n'étaient pas retrouvés en même quantité, le capitaine du bâtiment sera passible des peines établies par les articles 207, jusques y compris 214 du Code pénal sur les bris des scellés, et en outre à toute autre peine établie par la présente loi, relative à la frustration des droits revenant à la république.

66. Aucun débarquement ou embarquement des marchandises ou denrées quelconques assujéties ou non aux droits de douane, ne pourra être opéré, qu'il y ait permis ou non, avant le lever ou après le coucher du soleil.

Les débarquemens ou embarquemens des marchandises ou denrées quelconques, pour lesquelles il aurait été délivré des permis, ne pourront s'opérer que là seulement où le directeur l'aura désigné, et en présence des employés de la douane préposés pour voir s'effectuer lesdits débarquemens ou embarquemens.

Toute contravention aux dispositions précédentes, entraînera la confiscation des objets ou marchandises débarqués ou embarqués, et rendra les personnes qui auront opéré ou facilité les débarquemens ou embarquemens en violation de la loi, passibles des peines établies par le titre 1er de la présente loi.

67. A tout jour et heure, pendant le déchargement ou chargement d'un bâtiment du commerce de long cours, l'administrateur des finances de l'arrondissement et le commandant de la place, ou le commandant d'arrondissement, pourront, selon qu'ils le jugeront de l'intérêt du fisc, faire opérer, par qui ils le trouveront convenable, des vérifications ou contre-vérifications des marchandises ou denrées quelconques, au moment de leur enlèvement des douanes, jusqu'à leur entrée dans les magasins de la ville, ou jusqu'à leur arrivée ou mise à bord du bâtiment en chargement. Les agens chargés d'opérer ces vérifications demeurent autorisés à prendre des notes sur la qualité et la quantité des marchandises ou denrées par eux ainsi vérifiées, et à se faire exhiber les permis ou autres documens qui seront nécessaires à ces vérifications; ils devront en référer, dans trois heures au plus, pour tout délai, à l'autorité dont ils auraient reçu le mandat.

68. Les autorités qui auraient commis des agens pour opérer des vérifications inopinées, seront tenues de vérifier, à l'heure même, les rapports qu'ils auront reçus, la régularité ou l'irrégularité des opérations relatives à ce qui aurait été vérifié.

Toute contravention reconnue entraînera la saisie ou confiscation des marchandises ou denrées qui auraient été l'objet de la fraude, lesquelles seront vendues publiquement. Les droits revenant à la république seront prélevés sur le montant de la vente : la moitié de la somme restante reviendra à l'agent qui aura découvert la fraude, et l'autre moitié à la république.

Les personnes qui seront reconnues avoir favorisé la contravention seront passibles des peines à appliquer d'après le titre 1er de la présente loi.

69. Les bâtimens, soit nationaux, soit étrangers, faisant le commerce de long cours, ne pourront, ni en se rendant dans un

port ouvert de la république, ni en sortant dudit port pour aller à l'étranger, mouiller sur les côtes, à moins d'accident de force majeure qui mettrait le bâtiment dans un péril imminent, s'il restait sous voiles

Tout bâtiment trouvé en contravention à la disposition ci-dessus, sera passible d'une amende qui ne pourra être moindre de 500 g. ni plus de 1,000 g; et s'il était reconnu que le bâtiment aurait opéré sur la côte des déchargemens ou chargemens, il sera confisqué et vendu, ainsi que les objets de sa cargaison, publiquement; les droits de l'Etat prélevés sur le montant de la vente, la moitié du reste appartiendra aux capteurs, et l'autre moitié à la république; il en sera de même de l'amende, si elle avait lieu.

TITRE VIII. — *De l'expédition des bâtimens allant à l'étranger, et de la comptabilité des douanes.*

70. Après que le bâtiment du commerce étranger aura complété son déchargement et son chargement; que les feuilles d'importation et celles d'exportation mentionnées aux articles 56 et 64, auront été envoyées à l'administrateur des finances de l'arrondissement, et lorsqu'il voudra s'expédier pour l'étranger, le consignataire, ou son agent, prendra les doubles desdites feuilles, et se présentera à l'administrateur des finances de l'arrondissement, qui les ordonnancera en recettes.

71. Le montant des droits sera immédiatement versé au trésor, d'après l'ordonnance de l'administrateur, et le trésorier fournira reçu sur le double des feuilles, lesquelles seront présentées à l'administrateur pour avoir son visa.

Le consignataire, ou son agent, se présentera au directeur de la douane avec la quittance du trésor, visée de l'administrateur. Le directeur fera mention de la quittance du trésorier sur les livres d'importation et d'exportation, en marge de la transcription des feuilles de droits; il apposera sur les feuilles son visa pour l'enregistrement des quittances, et il donnera au capitaine du bâtiment en partance une feuille d'expédition, en lui faisant remise de ses papiers de mer qui se trouvaient déposés au bureau de la douane en vertu de l'article 36.

72. Le consignataire ou son agent, accompagnera le capitaine du bâtiment au bureau des mouvemens du port, et le chef des mouvemens, sur l'exhibition des quittances du trésor dûment visées et de la feuille de douane, permettra la sortie du port du bâtiment.

73. Au moment du départ pour l'étranger du bâtiment du commerce de long cours, le directeur fera procéder à la levée des scellés.

74. A la fin de chaque mois, le directeur de la douane enverra à l'administrateur des finances de l'arrondissement et à la Chambre des comptes, un état sommaire des bâtimens du commerce étranger entrés et sortis pendant le mois expiré, mentionnant la

nature et la quotité des sommes payées pour les divers droits, soit à l'entrée, soit à la sortie desdits bâtimens.

75. Les administrateurs des finances seront responsables, conjointement avec les directeurs des douanes, des omissions ou erreurs qui pourraient exister dans les bordereaux établis pour la perception des droits de douane par les directeurs qui sont sous leur surveillance, si, en ordonnançant en recette les mêmes bordereaux, ils n'ont pas reconnu les erreurs y existant.

76. Les chefs des mouvemens des ports ouverts enverront, à la fin de chaque mois, à la Chambre des comptes, l'état détaillé des bâtimens du commerce de long cours dont l'entrée ou la sortie aura été effectuée, pendant le mois expiré, dans le port sous leur surveillance. Cet état comprendra le jour de l'arrivée ou du départ du bâtiment, le nom et la nation d'icelui, le nom du capitaine et du consignataire, le tonnage, le lieu d'où vient le bâtiment ou celui de sa destination, et la nature du chargement d'entrée ou de sortie.

TITRE IX. — *Du cabotage.*

77. Le cabotage ne peut être fait que par les bâtimens de construction haïtienne, ou porteurs de l'acte de naturalisation délivré en conformité des lois.

78. Les bâtimens faisant le cabotage ne pourront être montés que par des Haïtiens, et les douaniers ou préposés d'administration ne connaîtront, sous aucun prétexte, pour les expédier ou pour recevoir leurs déclarations, que des citoyens du pays.

79. Les marchandises ou denrées quelconques, transportées par le cabotage, ne pourront être expédiées d'un port à un autre, que d'après une facture où les articles seront détaillés par poids, mesure, quantité et espèces, et après que la vérification en aura été faite à la douane du port de l'expédition. Le débarquement ne pourra se faire, au port de la destination, qu'après vérification, en bonne forme, par le préposé d'administration ou les agens des douanes.

80. Les factures seront transcrites par le chargeur ou sa caution, sur un cahier intitulé : *Journal du...., capitaine..., faisant le cabotage sur les côtes de la république* ; elle fera mention des numéros et marques des balles, futailles ou colis, sacs ou autres emballages ; la transcription sera datée et signée par le chargeur ou sa caution.

81. Le journal mentionné en l'article précédent, sera coté et paraphé par le directeur de la douane du port ouvert dans lequel le caboteur aura fait son armement ; chaque feuillet d'icelui portera le timbre de six centimes, et le journal de chaque caboteur sera retiré, à la fin de chaque trimestre, par le directeur de la douane du port où il se trouvera, et un nouveau journal, pour le trimestre suivant, sera coté et paraphé par le directeur.

Le journal retiré sera envoyé à l'administrateur principal de l'arrondissement pour être expédié à la Chambre des comptes.

82. Les agens des douanes et les préposés d'administration, soit au port de l'embarquement, ou à celui du débarquement, seront tenus de vérifier strictement les marchandises ou denrées embarquées ou débarquées, et de constater sur le journal du caboteur les vérifications qu'ils auront opérées, soit pour permettre le chargement, soit pour permettre le déchargement des objets mentionnés dans la facture.

83. Outre les formalités prescrites par les articles précédens du présent titre, le capitaine caboteur, assisté d'une caution solvable, sera tenu de souscrire l'obligation de délivrer, dans les délais de huit jours au moins et de deux mois au plus, selon les distances, sauf les accidens de mer légalement prouvés, les articles de marchandises ou denrées portés dans la facture, et qui seront énumérés dans l'obligation au port de la destination, et d'en rapporter, dans les mêmes délais, le certificat de déchargement et de livraison.

84. L'obligation, en forme d'acquit-à-caution, sera souscrite à droite de la page sur un cahier à souche, coté et paraphé par l'administrateur de l'arrondissement, et dont chaque feuillet portera le timbre de douze centimes, lequel sera tenu au bureau de la douane, ainsi qu'aux bureaux des préposés d'administration des ports non ouverts au commerce extérieur. L'expédition du caboteur, qui portera les mêmes date et numéro que l'obligation, sera faite sur la partie gauche du feuillet, où sera inscrit le cautionnement; et le certificat, au port du déchargement, sera fait au dos de cette expédition pour servir d'acquit-à-caution.

Les numéros de l'obligation et du cautionnement, et ceux de l'expédition et du certificat seront portés en marge de la facture inscrite sur le journal du caboteur.

85. Les bâtimens du cabotage pourront être expédiés pour tous les ports de l'île, lorsqu'ils seront chargés de marchandises ou productions étrangères, ou des productions de la république, pour la consommation du pays; mais lorsqu'ils seront chargés de denrées, ou productions destinées à l'exportation pour l'étranger, ils ne pourront être expédiés que pour les ports ouverts de la république, toujours en remplissant les formalités prescrites au présent titre.

86. En cas d'événement survenu à la mer, par force majeure ou autrement, au caboteur destiné pour un port ouvert de la république, et qui occasionnerait la perte de tout ou partie de la denrée dont il serait chargé; l'impôt territorial dû à l'Etat sur les denrées d'exportation à l'étranger, sera néanmoins versé au trésor public par le chargeur, à la diligence de l'administrateur des finances de l'arrondissement, attendu que le chargeur de la denrée aurait retenu du producteur le même impôt territorial en achetant cette denrée.

87. Tous les quinze jours, les préposés d'administration des ports non ouverts au commerce étranger, seront tenus de faire parvenir au directeur de la douane du port de la juridiction, l'état

des caboteurs dont l'entrée et la sortie auront lieu dans le port sous leur administration; cet état comprendra la date de l'arrivée et du départ, le nom du bâtiment caboteur, et celui du capitaine, le lieu de la destination et les objets du chargement ou déchargement.

A la réception des états ci-dessus, l'administrateur fera opérer les vérifications nécessaires, et à la fin du trimestre, il formera un état général des mouvemens du cabotage de l'administration sous sa direction, qu'il adressera au secrétaire d'état, afin que les vérifications sur les mouvemens du cabotage puissent s'établir par comparaison des départs et arrivées, pour s'assurer de l'exactitude des opérations du cabotage.

88. Les productions du pays en liquides, les sucres et les sirops dont les caboteurs seront chargés pour les ports de la côte et pour la consommation intérieure, devront être toujours accompagnés du certificat d'origine, signé du producteur et visé par le juge de paix et le commandant de la commune, lesquels ne donneront leur visa qu'après l'exhibition de la quittance pour la patente ou pour l'impôt foncier payable par le producteur.

Ces liquides et sucres seront vérifiés à leur embarquement et débarquement, afin de s'assurer qu'ils sont réellement d'origine et production haïtienne. Les liquides seront, en outre, dégustés.

89. Dans les ports non ouverts au commerce extérieur, il ne sera permis ni d'embarquer ni de débarquer les denrées ou marchandises par le cabotage, ailleurs que sur les points où seront établis les bureaux des préposés d'administration.

90. Toute denrée propre à l'exportation du commerce extérieur qui sera trouvée en dépôt sur le littoral, et pour laquelle il n'y aurait pas un permis de la police locale pour la transporter par mer dans le port le plus voisin, sera saisie et confisquée, moitié au profit de la police qui aura saisi, et moitié au profit de la république.

91. Toute négligence des préposés d'administration ou agens de douane, en ce qui est relatif au service et à l'expédition du cabotage, sera signalée à l'autorité supérieure; lesdits préposés et agens encourront la perte de leurs emplois, et pourront même être passibles de plus fortes peines, d'après la présente loi, si le cas y échet.

92. Toutes denrées, marchandises ou effets trouvés à bord des caboteurs sans expédition, ou tous ceux trouvés en plus des quantités mentionnées aux expéditions prévues par le présent titre, ou qui seraient d'une autre nature que celle spécifiée, seront saisis, confisqués et vendus publiquement.

La moitié du net produit appartiendra à ceux qui auront fait découvrir la fraude, et l'autre moitié à l'Etat.

Le capitaine sera, en outre, passible d'une amende égale à la valeur des objets saisis, à laquelle il sera condamné même par corps. et il sera, en outre, passible de plus fortes peines, si le cas y échet;

93. Tous bâtimens fesant le cabotage sur les côtes de la république, qui auront été employés, ou qui auront servi à faire ou

aider à faire la contrebande, soit en denrées du pays, soit en marchandises étrangères, soit sur les côtes ou en mer, jusqu'à vingt-cinq lieues au large, seront saisis et confisqués, ainsi que les marchandises ou denrées dont ils seront chargés, et seront vendus publiquement ; après le prélèvement des frais et des droits dus à l'Etat sur les marchandises ou denrées, la moitié du net produit appartiendra aux capteurs, et l'autre moitié à la république.

Le capitaine, les hommes de l'équipage et les passagers qui seraient reconnus auteurs ou complices de la fraude, seront condamnés aux peines à établir d'après les dispositions du titre Ier de la présente loi.

Disposition finale.

94. La présente loi abroge toutes lois, arrêtés, et réglemens relatifs aux opérations de l'administration des douanes en général, qui lui sont contraires.

Elle sera expédiée au Sénat, dans les vingt-quatre heures, pour avoir sa sanction.

Rendue en la Chambre des représentans des communes, au Port-au-Prince, le 9 juillet 1838.

Signé : Hérard Dumesle, président de la Chambre,

Signés : F. Tesson, E. Lochard, secrétaires.

Le Sénat décrète l'acceptation de la *Loi sur l'administration et la direction des douanes* ; laquelle sera, dans les vingt-quatre heures, expédiée au Président d'Haïti, pour avoir son exécution, suivant le mode établi par la constitution.

Donné à la Maison nationale, au Port-au-Prince, le 21 juillet 1838, an 35e de l'indépendance.

Le Président du Sénat, signé : Bazelais.

Les secrétaires, signé : Jh. Noel, M. Viallet.

AU NOM DE LA RÉPUBLIQUE.

Le Président d'Haïti ordonne que la loi ci-dessus du Corps législatif, soit revêtue du sceau de la république, publiée et exécutée.

Donné au Palais national du Port-au-Prince, le 23 juillet 1838, an 35e de l'indépendance.

Signé : Boyer.

Par le Président d'Haïti :

Le secrétaire-général, signé : Inginac.

TARIF N° 1 (1).

Droits à l'importation.

DÉSIGNATION DES OBJETS.	Montant des dr. d'imp.	
	g.	c.
Acide tartarique, la livre		12
dito sulfurique, la bouteille		6
Acier en barres, le cent	2	
dito en lames, dito	2	50
Agrafes en fil d'argent, la grosse	1	
dito, dito de cuivre, dito		50
dito, dito de fer, dito		37
Aiguilles fines, à coudre, le millier		25
dito à voile, dito	2	
Aiguillettes en or fin, chaque	2	50
dito en argent fin, dito	2	
dito en or et argent faux, dito	1	
dito en soie, dito		50
dito en laine, fil et coton, la douzaine	1	
Ail en macornes ordinaires, la macorne		8
dito en grenier et petits paquets, le quintal	3	
Alambics en cuivre, avec couleuvre et chapiteau, chaque gallon		25
dito sans couleuvre ni chapiteau, dito		12
dito en ferblanc, pour liqueur ou autre usage, de 10 à 12 gallons, chaque	1	50
Alenes montées, la douzaine		12
dito non montées, le millier	2	
Alkali volatil, la livre		9
Allumettes, la douzaine de paquets		9
Almanachs de cabinet, la douzaine		24
dito de poche, dito		25
Aloës en poudre, la livre		5
Alun, le quintal	2	50
Amadou, la livre		25
Amandes, le quintal	1	50
Amidon, dito	5	
Ammoniac, la livre		6
Anchoix en caisses, les douze pobans		30
dito en pots ou petits barils, le pot ou le baril		15
Ancres de navire, le quintal	1	
Andouilles, andouillettes, le quintal	2	
Anes, ânesses, chaque	2	
Anis vert et étoilé, la livre		5
Anisette en paniers de deux pomponnelles, le panier		85
dito en caisses, les douze bouteilles	2	50
Anneaux en cuivre, pour rideaux, la grosse		50
dito en fer, pour tentes, dito		25
dito en cuivre, pour boucles d'oreilles, embellis de verre, de couleurs diverses, la douzaine de paires		12
dito des mêmes, unis, dito dito		6
dito en pierres fausses, montées en or ou argent, la paire		25
dito en nacre, corail, faux grenat et jais, la douze de paires	1	50

(1) Quelques articles de ce Tarif sont évidemment mal classés, mais nous avons cru devoir les reproduire à la place qu'ils occupent dans l'édition officielle.

DÉSIGNATION DES OBJETS.	Montan des dr. d'imp.	
	g.	c.
Anneaux en perles fausses, pierres fausses, montées sur cuivre doré, la douzaine de paires		50
dito en pierres précieuses et perles fines, la paire	1	
Antimoine cru ou préparé, le quintal	1	
Archets de violon, la douzaine	1	
Ardoises pour écolier, dito		6
dito pour maisons, le millier	1	
Argent monnayé (*franc de droits*).		
dito brûlé, l'once		8
dito faux, en feuilles, les cent feuilles	2	
Armoires d'acajou ou bois recherché, chaque	36	
dito en chêne ou bois commun, dito	10	
Arrowroot en poudre, fécule de pommes de terre, la livre		12
Arsenic, la livre		10
Arrosoirs en ferblanc, chaque	1	
dito en cuivre, dito	1	50
dito en tôle, dito	1	
Assiettes en porcelaine fine et dorée, la douzaine	1	
dito dito dito, unie ou à filet, dito		75
dito dito, ordinaire, dito		50
dito dito, commune, dito		37
dito en ferblanc, dito		50
dito de faïence fine, de toutes qualités, dito		12
dito dito ordinaire et brune dito		6
Atlas d'hydrographie ou de géographie, reliés en peau, chaque		75
dito dito dito, cartonnés, dito		50
dito dito dito, brochés, dito		37
Avirons, chaque		6
Avoine en barils, le baril		30
dito en dames-jeannes, la dame-jeanne		12
Azur en poudre ou en roche, la livre		12
Bagues en pierres fausses, montées sur cuivre, la grosse		10
dito dito, dito sur plomb et étain, dito		4
Bahuts, par jeux de 6, 7, 8, 9, le jeu		75
Baignoires en cuivre, grandes, chaque	4	
dito dito, petites, dito	3	
dito dito, montées sur fauteuil, ou 1/2 bain, dito	2	
dito en ferblanc, grandes et petites, dito	2	
dito dito, montées sur fauteuil, ou 1/2 bain, dito	1	25
dito en bois, ou grandes bailles, dito	1	50
dito dito, petites, par jeux de 6, le jeu	2	
Balais en crin et en paille, la douzaine	1	
dito dito à main, dito		50
dito en plumes, à main, dito	1	
Balances composées de plateaux, fléau et chaînes en fer, pouvant peser dix quintaux et au-dessus, chaque	8	
dito comme ci-dessus, de cinq à dix quintaux, dito	4	
dito d'un à cinq quintaux, dito	2	
dito riches, en cuivre doré ou argenté, avec plateaux, ou montées sur colonne, chaque	3	
dito ordinaires, de boutique, à plateaux de métal, chaque	1	25
dito de boutique, en ferblanc, la douzaine	2	50
Ballustrade en fer, les 100 livres	1	50
Bandages, chaque		25

DÉSIGNATION DES OBJETS.	Montant des dr. d'imp.	
	g.	c.
Bandes de mousseline, percale et organdi, brodées, l'aune		6
Barriques vides, de 60 gallons, chaque		12
Barsac (pavés de), la brasse		25
Bas de soie pour hommes et femmes, la douzaine de paires	1	50
dito de fil d'Ecosse pour femmes, la douzaine	1	
dito de fil, pour hommes et femmes, dito		75
dito de coton, pour hommes et femmes, la douzaine de paires		50
dito de laine, dito dito, dito	1	
dito pour enfans, en coton ou laine, dito		20
Basannes, la douzaine	3	
Basins piqués, croisés, mousseline, fins, de vingt-quatre pouces et au-dessus de large, l'aune		8
dito piqués, croisés, mousseline, ordinaires, de vingt-quatre pouces et au-dessus de large, l'aune		5
dito des mêmes, communs et étroits, dito		4
dito en couleur et à raies, larges de vingt-quatre pouces, l'aune		8
dito dito, étroits, au-dessous de vingt-quatre pouces, l'aune		5
Bassins en cuivre, la livre		6
Bassines dito dito		6
Barattes, chaque		25
Basses (instrumens de musique), chaque	1	
Bassons (dito dito), dito		50
Bâtimens en verre, ivoire, ou autre matière recherchée, pour ornement, chaque	3	
Batiste de fil blanc, en pièce ou en carreau, l'aune		20
dito de coton, ou nansou, dito, dito		5
dito de fil écru, l'aune		8
Bâts et affûts de selle, chaque		50
Batterie de cuisine en cuivre, le cent	12	
dito dito en tôle ou en fer battu, le quintal	2	
Beaufort (toile de), l'aune		2
Berceaux en osier, pour enfans, chaque		25
dito en acajou, dito	1	
Betteraves en barils, le baril	1	
dito en paniers, le panier		25
Beurre, le quintal	1	50
Bidets garnis en maroquin, chaque	1	
dito ordinaires, à dossier, dito		50
dito en ferblanc, avec seringue, dito		50
dito en faïence, simples, dito		20
Bidons en ferblanc, la douzaine		50
Bierre en barriques, la barrique de 60 gallons	2	
dito en demi-barriques, la demi-barrique de 30 gallons	1	
dito en bouteilles, la douzaine de bouteilles		25
Bijouterie fine, ou non prévue, 12 o/o *ad valorem*		
Bijoux maçonniques, en or fin, l'once	1	
dito dito, en argent, le marc	1	
dito dito, faux ou plaqués, chaque		20
Billards en acajou, ou bois recherché, dito	50	
dito en bois commun, dito	30	
Billes pour billard, le jeu de 4 billes	3	
dito dito, (jeu de poule), les 24 billes	6	
Biscuits blancs, le quintal	1	

DÉSIGNATION DES OBJETS.	Montant des dr. d'imp. g.	c.
Biscuits communs, le quintal		50
dito petits, dito	1	
Biter en bouteilles, la douzaine	1	50
dito en demi-bouteilles, dito		75
Blanc de baleine, la livre		5
dito de céruse et d'Espagne, le baril		35
dito ou fard, pour femmes, le pot		20
Blé noir, ou banguise, le baril		50
Bleu de Prusse, la livre		25
Bœuf salé, le baril	1	
dito fumé, le quintal	1	50
dito à la mode, le pot ou fréquin		50
Bois équarris, de pitchpin, le millier	3	
dito de sap, dito	2	50
Boîtes complètes d'instrumens de mathémathiques, chaque	1	
dito par jeux, le jeu	2	
dito à rasoirs, avec peignes et glaces, chaque		50
dito de parfumerie, composées de six pièces de parfumerie, chaque boîte		16
dito en carton, nuancées, avec verre ou miroir, la douzaine		6
dito dito, en bois, pour pilules, pastilles et pains à cacheter, la douzaine		3
dito servant à mettre l'argenterie, chaque	1	50
dito à barbe, la douzaine		20
Bombasin ou deuil de soie et laine, de toutes largeurs, l'aune		16
dito de pure laine ou de poil de chèvre, dito		6
Bombes (projectiles), (*franches de droits*).		
Bonbons en pâte, de toutes qualités, la livre		8
Bonnets de poil d'ours, pour sapeurs, chaque		50
dito de soie noire, pour hommes, la douzaine		75
dito de dentelle, pour femmes, dito	4	
dito de mousseline brodée, dito, dito	2	
dito en laine ou coton, dito		50
dito en étoffe, simples, pour militaires et autres, dito	1	
dito en cuir, dito	1	
dito d'enfans, en dentelle, tulle et autres étoffes riches, dito	2	
dito dito, de mousseline ou nanson brodés, dito	1	
Bocaux en verre, de toutes dimensions, chaque		3
Borax brut, ou raffiné, la livre		10
Bottes à revers ou unies, fines, la paire	4	
dito communes, dito	2	
Brodequins pour femmes, la douzaine	4	
dito (demi) pour dito, dito	3	
Bottes pour troupes, la paire	1	
Bottines ou demi-bottes, dito	1	50
dito pour troupes, dito		75
Boucauts en botte, chaque		10
Bouchons assortis, le millier		25
dito de liége, garnis, le cent		40
Boucles d'or, pour souliers, culottes, cocardes de chapeau ou ceintures de femmes, l'once	1	
dito d'argent, des mêmes, le marc	1	
dito dito, de métal, autre que l'or et l'argent, la douzaine		50
dito dito, pour rubans de chapeaux ronds, la grosse		60

DÉSIGNATION DES OBJETS.	Montant des dr. d'imp.	
	g.	c.
Boucles de sellerie, assorties, la grosse		50
Bougies élastiques, la douzaine		40
dito à brûler, la livre		10
Bouilloires en cuivre, chaque		20
dito de potin ou ferblanc, dito		16
Boulets de tous calibres (*francs de droits*).		
Bourses en colliers ou en acier, la douzaine	1	
dito en soie, avec fermoir en or ou en argent, chaque		75
dito dito, sans fermoir, à coulisse ou à anneau, la douzaine	1	
dito dito, avec fermoir en cuivre doré ou argenté, dito	2	50
dito en étoffe commune, dito		75
Bouteilles vides, le cent		50
dito dito, garnies en osier, assorties, la douzaine		30
Boutons de métal, gravés, pour officiers, la grosse		50
dito dito, dito, ou à balles, pour troupes, dito		18
dito dito, unis, plats ou à balles, fins, dito		40
dito de nacre, serge ou soie, dito		30
dito de fil ou de verre, dito		20
dito d'os ou de bois, le paquet de 12 rangs		18
Bouvets, la douzaine de paires	1	50
Brai gras et sec, le baril		50
Brésillet en poudre, le quintal	4	
Bretagne large, de fil ou de fil et coton, l'aune,		6
dito étroite, dito, dito, dito		4
dito de coton pur, large dito		3
dito dito, étroite, dito		2
Bretelles fines, brodées en soie, avec boucles dorées ou argentées, la douzaine de paires	1	75
dito en coton, coutil de fil et gomme élastique, avec boucles de fer, étain ou cuivre poli, la douzaine de paires		75
dito fines, à boucles de métal, et d'étoffes diverses, la douz	1	50
dito de coton, communes, à boucles de fer, dito		12
dito de fusil, en cuir, dito		6
Brides montées, avec mors plaqués, chaque	2	50
dito fines, sans mors, la douzaine de brides	12	
dito communes, sans mors, la douzaine	9	
Brin de 7/8 et de 3/4, l'aune		2
dito, grande largeur, dito		4
Briques, le millier	4	
Briquets phosphoriques, chaque		12
dito en acier, à battre le feu, la douzaine		10
dito d'infanterie, pour troupes (*francs de droits*).		
Broches de cuisine, avec chaîne en fer, chaque	1	
Brosses fines, à habits, la douzaine		60
dito communes, à souliers, dito		25
dito à dents, la douzaine		20
Brouettes, chaque		75
Buffets en acajou ou bois recherché, chaque	25	
dito en bois commun, dito	10	
Burat, l'aune		5
Bureaux-secrétaires, en acajou ou bois recherché, chaque	15	
dito dito, de chêne ou bois commun, dito	7	
Bustes en plâtre, au-dessus de 24 pouces de hauteur, dito		50
dito dito, de 12 à 24 pouces de hauteur, dito		25

DÉSIGNATION DES OBJETS.	Montant des dr. d'imp.	
	g.	c.
Bustes en plâtre au-dessous de 12 pouces de hauteur, la douzaine..	1	
Burettes en argent fin, le marc.	1	
dito en cristal, la paire.		25
Câbles en chaînes de fer, pour navires, le quintal.	1	
Cahiers, méthodes ou livres de musique, reliés en peau ou maroquin, dorés ou non dorés, chaque.		25
dito, des mêmes, cartonnés ou brochés, chaque.		15
Caisses de genièvre avec les 12 pobans vides, chaque caisse.		20
Cabrits en vie, chaque.		50
Cabrouets, grands, chaque.	10	
dito, moyens, dito.	5	
Cache-peignes ou garnitures de peignes en pierres fausses, chaque.		75
Cachets en argent, pour bureaux, la douzaine.	4	
dito, en cuivre, dito, dito.		30
Cadenas en cuivre, la douzaine.	1	
dito, en fer, dito.		30
Cadres dorés ou non dorés, de toutes dimensions, pour tableaux, *sur estimation de 12 pour cent sur la facture.*		
Cafetières en argent, le marc.	1	
dito en dito plaqué, chaque.		40
dito en ferblanc, composées de diverses pièces, avec robinet ou non, chaque.		30
dito en ferblanc, communes, la douzaine.		80
dito en faïence, montées sur fourneaux en fer, dites à la Dubeloir, chaque.		75
dito en dito, simples, dito.		6
Cages assorties, la douzaine.	4	
Calendérie véritable, l'aune.		12
Calemande double, dito.		12
dito simple, dito.		6
Calenkart, l'aune.		6
Cambray, dito.		3
Camelot, dito.		5
Camomille, la livre.		4
Camphre, dito.		16
Canapés ou sophas en bois divers, couverts en étoffes de crin, maroquin ou soie, chaque.	7	
dito, dito en bois peint ou verni, à fond de paille ou de jonc, fins, dorés ou non, chaque.	4	
dito en bois ou paille, communs, à fond dito, dito.	2	
Canaris et formes à sucre, chaque.		6
Canelle, la livre.		8
Cannes à main, de jonc, garnies en or, chaque.	2	
dito, dito, dito en argent, dito.	1	
dito, dito, dito en écaille, dito.	3	
dito, dito, dito en coco, or faux ou en corne, la douzaine.	2	
dito de bois commun verni, la douzaine.		
dito en fer, dito.	1	
dito de tambour-major, à pomme d'argent ou d'argent doré, chaque.	4	
Canevettes de forme ordinaire, garnies de flacons dorés ou non dorés, vides, chaque.	1	
Canifs fins, la douzaine.	1	50

DÉSIGNATION DES OBJETS.	Montant des dr. d'imp.	
	g.	c.
Canifs communs, la douzaine		40
Canons de cuivre, de fer ou de fonte (*francs de droits*).		
Cantharides (mouches de), la livre		40
Cantille en or ou argent fin, l'once		50
dito, dito, dito faux, dito		25
Canules pour seringue, la douzaine		8
Caparaçons d'étoffe fine, richement brodés en or, chaque	4	
dito, dito, dito en argent, dito	2	50
dito de soie, unis ou brodés en couleur, dito	1	25
dito de coton, dito, dito, dito		30
Capotes de castor, pour femmes, de toutes qualités, la douzaine	8	
dito, dito, pour enfans, dito, dito	4	
Câpres, les douze pobans		20
Caractères d'imprimerie, la livre		2
Carafes en cristal, la paire		50
dito en verre fin, dito		30
dito en dito commun, la paire		18
Carnassières de chasse, la douzaine	2	
Carreaux de marbre, le millier	25	
dito ordinaires, à carreler, de 6 pouces, le millier	1	
dito d'Alotte (pierre), la pierre		2
Cartes à jouer, le sixain		25
dito de marine ou de géographie, détachées, montées sur toile et vernies, larges de plus de 48 pouces, chaque		25
dito de marine ou de géographie, détachées, montées sur toile et vernies, au-dessous de 48 pouces de large, chaque		12
Casaques de cultivateurs, la douzaine	1	
Casimir en laine pure, croisé, l'aune		32
dito en laine et coton de 28 pouces de large et plus, l'aune		12
dito dito au-dessous de 28 pouces, dito		5
dito dito pour pantalons, à barres et en couleurs, d°		32
Casques dorés ou argentés, pour officiers, chaque	2	
dito de troupes, la douzaine	3	
dito ordinaires, de troupes, garnis, chaque	1	
Casquettes en étoffes, avec galons ou tresses, la douzaine	3	
dito dito unies, dito	1	50
dito en cuir, dito, dito	1	25
Casse médicinale, la livre		6
Casseroles en cuivre, la livre		12
dito en potin ou fer étamé, dito		12
Cartons de bureaux, la douzaine	1	
dito pour chapeaux dito		75
dito pour modes, dito		50
dito en feuilles assorties, dito		16
Ceintures de gaze ou de mousseline, dito	1	
Ceinturons d'officiers supérieurs, en galons d'or ou d'argent, ou brodés sur velours, chaque	4	
dito tressés en fil d'or ou d'argent, chaque	3	
dito en maroquin brodés, la douzaine	4	
dito en cuir estampillé, dito	2	25
dito dito verni, dito	1	50
Chaînes en or, pour montres, l'once	1	
dito de sûreté, en or, pour montres, l'once	1	
dito dito, en argent, dito, le marc	1	

DÉSIGNATION DES OBJETS.	Montant des dr. d'imp. g.	c.
Chaines en acier, dito la douzaine		50
dito en cuivre doré, dito dito		50
dito pour arpenteurs, chaque		50
dito en fer, autres que celles pour câbles, la livre		4
Chaises et fauteuils, en bois peint ou verni, dorés ou non, à fond de bois, jonc ou paille fine, la douzaine	4	
dito dito en bois divers, garnis, couverts en crin, soie ou maroquin, la douzaine	8	
dito dito percés, la douzaine	5	
dito communes, à fond de paille ou de bois, la douzaine	1	75
dito petites, pour enfans, et marche-pieds fins, dito	2	50
dito dito des mêmes, communes, dito	1	20
dito et fauteuils d'enfans, fins, dito	2	50
dito dito dito percés, fins, dito	1	25
Chamberry (fruits de), le baril		30
Champignons secs, la livre		12
Chandelles de suif, dito		2
Chandeliers d'argent, de toutes formes et grandeurs, le marc	1	
dito à plusieurs branches, en cuivre doré ou argenté, la paire	1	
dito simples, en cuivre doré ou argenté, grands de 10 pouces et au-dessus, la paire		30
dito des mêmes, au-dessous de 10 pouces, dito		37½
dito en cuivre pur, de toutes formes et dimensions, dito		25
dito en cristal, dito		50
dito en verre, dito		30
dito en ferblanc, la douzaine	1	
Chapeaux retapés, avec bordure en or ou argent, chaque	8	
dito dito, dito en soie, garnis de plumes et de floches, pour officiers supérieurs, dito	4	
dito dito, avec bordure de soie, garnis de floches, pour officiers inférieurs, dito	2	
dito à retaper, fins, la douzaine	9	
dito dito ordinaires, dito	3	
dito dito en laine, pour troupes, dito	2	75
dito ronds, fins, de feutre ou de soie, à homme ou à femme, la douzaine	5	
dito dito ordinaires, de feutre, de soie ou de coton, à homme ou à femme, la douzaine	3	
dito dito communs, en laine ou en coton, à homme ou à femme, la douzaine	2	
dito dito pour cadets, fins, de feutre ou de soie, la douzaine	4	
dito dito dito ordinaires, de soie ou de coton, dito	3	
dito dito dito communs, en laine ou en coton, dito	1	50
dito dito en paille de Panama, dito	8	
dito dito pour enfans, fins, non garnis, dito	2	
dito dito dito communs, dito, dito		75
Chapeaux ronds, pour enfans, en paille ou en osier, la douzaine		60
dito dito, pour femmes, garnis de plumes, fleurs ou dentelles, la douzaine	8	
dito, dito, pour enfans, des mêmes, dito	3	
Chapelets en bois, la grosse		40
dito en coco, la douzaine		12
dito en verre, dito		20

DÉSIGNATION DES OBJETS.	Montant des dr. d'imp.	
	g.	c.
Chapiteaux pour alambics, sans chaudières, le quintal..........	5	
Charbon de terre en boucauts, le boucaut....................	1	
dito, dito en baril, le baril........................		20
Chariots démontés, 12 p. 0/0 *ad valorem*.		
Charpentes dito, dito.		
Charnières en cuivre, la douzaine.........................		25
dito en fer, dito...........................		12
Charrues (*franches de droits*).		
Chaudières en cuivre, pour manufactures, le quintal............	5	
dito en fer ou potin, de toutes formes et dimensions, le quintal..............................		75
Chaussons ou demi-bas, de soie, la douzaine.................		75
dito, dito en laine, dito....................		50
dito, dito en fil ou coton, dito..................		25
Chemises à femme, de batiste ou de toile fine, brodées, chaque...	12	
dito dito, dito, dito unies, dito....	6	
dito à homme, dito, dito, garnies ou non, dito....	4	
dito dito, de toile ordinaire, la douzaine............	16	
dito dito dito commune, dito.............	10	
dito pour troupes, matelots, en laine, grosse toile ou ginga, la douzaine..............................	6	
dito de percale fine, pour hommes, la douzaine...........	10	
dito dito ordin. ou com., pour hommes, la douzaine...	6	
dito à femme, de percale brodée ou unie, chaque..........	4	
Chevaux (étalons), chaque................................	10	
dito (hongres ou coupés), chaque......................	15	
Chlorure d'oxide de sodium, la bouteille..................		2
Chocolat, la livre.......................................		32
Choucroute, le baril......................................		50
Cidre en barriques, la barrique de 60 galons	2	
dito en tierçons, le tierçon............................	1	
dito en bouteilles, la douzaine.........................		25
Cierges, la livre...		10
Cigares, le cent..		50
Ciment en boucauts, le boucaut...........................	1	
Cirages pour cuirs, souliers, etc., liquides, en pobans, les 12 pob		20
dito dito dito, etc., en bâtons ou en pots, la douz..	1	
dito dito en boules, la douzaine..................		20
dito dito en petites cruches, dito.................		40
Cire à cacheter, de toutes couleurs, la livre...............		20
Cire (ouvrages en cire), 12 p. 0/0 *ad valorem*.		
Ciseaux à maçons, menuisiers, etc., assortis, la douzaine.......		20
dito de tailleurs, grands de plus de 6 pouces, dito..........		60
dito de couturières, de toutes grandeurs, fins, dito..........	1	
dito dito dito communs, dito......		30
dito à découper le carton, chaque.........................		75
dito dito la tôle, le ferblanc, etc., chaque............	1	
Clarinettes à clefs d'argent, chaque........................	2	75
dito dito de cuivre, dito........................	1	
Clefs pour lits, en fer, la douzaine.......................		75
dito de montre, en cuivre, dito........................		12
dito dito en pierres fausses montées sur cuivre, la douzaine.	1	
Cloches en cuivre, le quintal..............................	5	
dito en fonte, dito................................	4	

DÉSIGNATION DES OBJETS.	Montant des dr. d'imp.	
	g.	c.
Clochettes, la douzaine		50
Clous en fer, assortis, le quintal	1	50
dito en cuivre, dito dito	5	
dito dorés ou argentés, le millier		50
Cocardes assorties, en soie, chaque		10
dito en cuir verni, le cent		10
Cochenille, la livre		40
Cochons en vie, chaque		50
Cœurs de bœuf, en petits barils, le baril		40
Coffres-forts, en fer ou en fonte, le quintal	5	
dito doublés en bois, chaque	8	
Coiffes de taffetas ciré, pour chapeaux, la douzaine		50
Colets avec paremens et écussons d'habits brodés, pour généraux ou grands fonctionnaires, chaque garniture	5	
dito des mêmes, brodés sur drap ou velours, pour officiers de santé ou administrateurs, chaque garniture	3	
Colette blanche, mi-blanche et brabant, l'aune		3
dito grise, l'aune		2
Colliers de verre, en perles fausses et en pierres fausses, sans agrafes, les 12 rangs		4
dito en faux grenats, les 12 rangs		25
dito en petits grains d'argent doré, les 12 rangs		50
dito d'ambre, chaque		60
dito en perles ou en pierres fausses, montés avec agrafes en cuivre pur ou doré, la douzaine		50
dito en nacre, corail et jais, montés avec agrafes d'or ou d'argent, chaque		20
dito en terre, vernis, les 12 rangs		12
Cols de toutes qualités, la douzaine	1	
Colle-forte, la livre		8
dito de poisson, la livre		16
Colonnes pour lits, en bois fins, sculptées ou cannelées, les quatre colonnes	16	
dito, dito, en acajou ou bois jaune, tournées, unies, les quatre colonnes	10	
Colophane, le quintal	1	
Coloquinte, la livre		3
Combourg, l'aune		2
Compas ou boussoles, pour navires, chaque		50
dito en fer ou en cuivre, pour charpentiers, la douzaine		40
dito pour cordonniers, la douzaine		75
Compotiers en porcelaine dorée, la paire		50
dito dito unie, ou à simple filets, la paire		30
dito en cristal, la paire		75
dito en verre, dito		37
Confitures sèches ou liquides, la livre		75
Connaissemens imprimés, le cent		40
Commodes de nuit, avec vase en porcelaine, chaque	6	
dito, dito, dito, en faïence, dito	4	
Consoles dorées, chaque	8	
dito en acajou, chaque	6	
Cordages assortis, le quintal	1	50
Cordes de harpe, assorties, l'assortiment		30
dito de violon, violoncelle et guitare, assorties, par [illegible] ou		

DÉSIGNATION DES OBJETS.	Montant des dr. d'imp.	
	g.	c.
autrement, les 12 cordes		10
Cordonnets pour schakots, en or ou argent fin, chaque	3	
dito dito en or ou argent faux, chaque	1	50
dito dito en soie, la douzaine	1	75
dito en fil blanc ou coton, pour schakots, la douzaine		75
dito en fil, laine ou coton, pour dito, les 12 aunes		3
dito en soie, pour robes, les 12 aunes		6
Coriandre, la livre		6
Cornes pour chausser, en corne, la douzaine		30
dito, dito, en cuivre, dito	1	
Cornets à jouer, en corne, cuir ou bois, chaque		50
Cornichons en ancres, l'ancre		40
dito en pobans, les 12 pobans		30
Cors-de-chasse (instrument), chaque	2	
dito pour habits. (Voyez Garniture.)		
Corsets pour femmes, la douzaine	2	
Coton blanc, dit madapolam, imitation de Rouen, Morlaix, et toile à draps, large de 30 pouces et au-dessus, l'aune		4
dito. des mêmes, au-dessous de 30 pouces. l'aune		2
dito, dit toile de coton, à chemise, fine, dito.		6
dito, dito, dito, dito, ordin., dito.		4
dito, dit madapolam, commun dito.		3
dito bleu, rouge ou coloré, large, dito.		3
dito. des mêmes. étroit, dito.		2
Couleurs (boîtes de), à dessiner, la boîte simple		50
dito, dito, dito, la boîte double	1	
Couleuvres en cuivre, sans alambics, le quintal	5	
dito en étain, dito, dito	4	
Couperose, le quintal		50
Couplets en fer, à équerre, de 2 à 6 pouces, les 12 paires		40
dito, dito, de 7 à 12 pouces, dito		75
dito, dito, de 13 pouces et au-dessus, les 12 paires.	1	
Coussins en peau, chaque		25
Coussinets pour porte-manteaux, la douzaine	2	
Couteaux de chasse, chaque	1	
dito à indigo, la douzaine		50
dito de table, fins, avec fourchettes, la douzaine	1	25
dito, dito, communs, dito, dito		40
dito, dito, fins, sans fourchettes, dito		75
dito, communs, pour tables, sans fourchettes. la douzaine		25
dito d'ivoire ou d'os pour papier, dito		25
dito, grands pour ceinture. dits flamands (*prohibés*).		
dito, à tonnelier, la douzaine		75
Coutil de fil ou de fil et coton, large de 4/4 et au-dessus, l'aune		10
dito de coton pur, large de 4/4 et au-dessus. dito		7
dito de fil ou de fil et coton, au-dessous de 4/4, dito		5
dito de coton pur, au-dessous de 4/4, dito		4
Couvertures de coton, chaque		50
dito de laine. dito		25
dito de fil. d'indienne, fines, chaque		30
dito dito. dito, communes et étroites, la douzaine.		40
dito pour fontes, en peau de tigre et d'ours, sans galons, chaque		50

DÉSIGNATION DES OBJETS.	Montant des dr. d'imp. g.	c.
Couvertures de fil de laiton ou de composition, pour plats, la douzaine		50
Cravaches en baleine, la douzaine	2	
dito en bois, dito	1	
Cravates de soie, de 7/8 à 3/4, la douzaine	1	50
dito de coton et mousseline, brodées, la douzaine		80
dito de batiste ou percale, dito en 1/2 mouchoirs, la douzaine	2	
dito des mêmes, brodées aux deux coins, en mouchoirs entiers, la douzaine	4	
Crayons de mine de plomb, pour bureaux, par paquets de douze crayons, les douze paquets		40
dito des mêmes, par paquets de six crayons, les douze paquets		20
dito à dessiner, la grosse		25
dito d'ardoise, le mille		50
Crême de tartre, la livre		6
Crêpe, large, l'aune		12
dito, étroit, pour deuil, dito		4
Creusets, le jeu		25
Crics, chaque		75
Crin, la livre		4
Cristaux, autres que ceux dénommés, 12 p. 0/0 *ad valorem*.		
Crochets en cuivre, de 2 à 12 pouces, la douzaine		75
dito, dito, de 13 pouces et au-dessus, la douzaine	1	50
dito en fer, de 2 à 12 pouces, dito		40
dito, dito, de 13 pouces et au-dessus, dito		50
dito pour bottes, la paire		3
Croudes blanches, assorties, l'aune		2
dito grises, dito, dito		1
Croupières, la douzaine	3	
Cuillers d'argent, à filets ou unies, le marc	1	
dito en or, petites, l'once	1	
dito plaquées, fines, avec fourchettes, la douzaine	2	
dito, dito, à potage, chaque		30
dito soufflées, communes, avec fourchettes, la douzaine	1	
dito dito, dito, à potage, chaque		20
dito de métal, dit de composition, avec fourchettes, la douzaine		30
dito dito, dito, à potage, chaque		6
dito de fer battu ou d'étain, avec fourchettes, la douzaine		16
dito dito dito, à potage, chaque		3
dito et écumoirs en cuivre, pour sucrerie, la livre		5
Cuirs à rasoirs, la douzaine		50
dito tannés, le cent	4	
dito d'éperons, la douzaine		15
Cuisses d'oie, le pot		60
Cuivre, le quintal	5	
Culottes, chaque	4	
Cuvettes en porcelaine, avec leurs pots, le tout		40
dito dito, sans pots, chaque		20
dito en faïence fine, avec leurs pots, le tout		12
dito dito commune, dito, dito		8
Cylindres en verre, pour pendules et fleurs, chaque	1	
dito en fer, pour rôles de moulin, le quintal		50
Couteaux de pelletier, la douzaine	1	

DÉSIGNATION DES OBJETS.	Montant des dr. d'imp. g.	c.
Cercles pour selles, en cuivre doré ou argenté, le pied............		2
dito dito, en cuivre pur, dito.............		1
Chaînettes en cuivre, la douzaine........................		10
Calomelas, la livre..................................		12
Cheveux (touffes de), la douzaine........................		50
Calices en or, l'once..................................	1	
dito en argent, le marc................................	1	
dito dito, plaqués, chaque..........................		50
Ciboires ou hostiaires en or, l'once........................	1	
dito en vermeil, le marc............................	1	
dito en argent, dito..................................	1	
dito en cuivre argenté ou plaqué, chaque................	1	
Ciel ou trône maçonnique, 12 p. o o *ad valorem*.		
Conserves alimentaires, la boîte........................		30
Carreaux à carreler, de divers pans et vernis, le millier...........	1	50
Chaînes en argent, pour montres, le marc..................	1	
dito de sûreté, en cuivre doré, pour montres, la douzaine. ..		50
Chaises et fauteuils d'enfans, percés, communs, dito.......		75
Chaudières à sucre, en fer ou potin, de toutes formes et dimensions, le cent........................		75
Colliers en rocaille, terre cuite, pour broder les bourses, la livre...		15
Couvertures de coton mêlé de soie, avec franges ou non, chaque...	1	
dito en bourre de coton très-commun, chaque..........		6
Cravates de soie, de 2 3 à 7 8, la douzaine..................	1	
Cuvettes en faïence fine, sans pots, chaque..................		6
dito dito, commune, dito, dito....................		4
Dames-jeannes vides, grandes de 6 gallons et plus, chaque.......		6
dito dito, petites, de 3 à 5 gallons. dito.........		4
dito pleines de légumes, dito.........		25
Damiers plaqués en ivoire et ébène, dito.........	2	
dito dito en bois ordinaire, dito.........		25
dito dito ordinaires, petits, d'un pied carré et au-dessous, la douzaine..........................	1	25
Décorations maçonniques, complètes, chaque..................	4	
dito dito, simples, dito....................	2	
Dentelle de fil ou de soie, en étoffe, pour robes, l'aune.		50
dito de coton, en étoffe, dito.		25
dito en rubans de fil ou de soie, large de plus de 4 pouces, dito.		20
dito dito large de 3 à 4 pouces, dito.		10
dito dito large de 1 à 3 pouces, dito.		6
dito dito au-dessous d'un pouce. dito.		4
dito en rubans de coton, large de plus de 4 pouces, dito.		15
dito dito large de 3 à 4 pouces, dito.		10
dito dito large de 1 à 3 pouces, dito.		6
dito dito au-dessous d'un pouce. dito.		2
dito en or ou argent fin, en galons assortis, dito.		75
dito dito faux, dito dito.		25
Dés à coudre, en or, chaque..............................	1	
dito en argent, dito..............................		25
dito en nacre ou en ivoire, la douzaine...............		32
dito en cuivre doré ou argenté, la grosse.............		25
dito en os, cuivre pur, ou fer, dito...............		15
dito à jouer, la douzaine.............................	1	
dito ou verges, pour voiliers et tailleurs, la douzaine.........		6

DÉSIGNATION DES OBJETS.	Montant des dr. d'imp.	
	g.	c.
Désirés pour robes, l'aune		6
Digdales vides, chaque		2
Dindons en vie, dito		20
Dolemans galonnés en or ou en argent, dito	10	
Dominos (jeux de), dito		10
Dragées de toutes espèces, la livre		16
Dragonnes en or ou argent fin, pour officiers supérieurs, chaque		80
dito des mêmes, en or ou argent faux, dito		40
dito en or ou argent fin, pour officiers inférieurs, dito		40
dito dito faux, dito dito		20
dito en soie, la douzaine		80
dito en laine, fil ou coton, la douzaine		18
Drap fin, de 4/4 et plus, l'aune	1	
dito ordin., dito, dito		35
dito commun, large de plus de 4/4, dito		25
dito dito, de 4/4 et au-dessous, dito		18
dito de soie. (Voyez Soieries.)		
dito de serge et de soie, et étoffes en couleur, pour gilets, l'aune		16
dito de coton, l'aune		10
Drill fin, de fil ou de fil et coton, dito		10
dito ordin., dito, dito		6
dito comm., dito, dito		3
dito en coton pur, fin, dito		4
dito dito, ordinaire, dito		3
Drogues assorties, 12 p. 0/0 *ad valorem.*		
Eau de Cologne, les 12 fioles		12
dito dito, en pobans carrés, grands, la douzaine		25
dito forte, en bouteilles, la bouteille		8
dito de senteur, dito, dito		20
dito dito, en fioles ou topettes, la douzaine		30
dito minérale, en cruches ou en bouteilles, dito		30
Eau-de-vie en pipes ou en futailles de 60 gallons au moins, le gall.	1	
dito en caisses, la caisse de 12 bouteilles	2	
dito en potiches ou cruches d'une pinte et demie, la douz.	1	75
dito d'Andaye, en caisses de 12 bouteilles, la caisse	2	
dito préparée pour la confection des chapeaux, le gallon		4
Echalottes, la macorne		5
Echarpes pour aides-de-camp, à gros grains, chaque	2	
dito dito à petits grains, dito	1	50
dito en soie, pour femmes dito		75
Ecorces pilées, à tanner le cuir, le baril		25
Ecrins en grenats fins, chaque	4	
dito dito faux, dito	1	50
Ecritoires en métal ou en porcelaine, dito		12
dito communes, la douzaine		40
Egohines assorties, dito	2	
Elixir anti-glaireux, la bouteille de forme ordinaire		20
Embouchoirs de bottes, la paire		50
Embouts de fonte, dorés ou argentés, dito		12
dito dito, ordinaires, dito		6
Encens, la livre		6
Enclumes, le quintal		50
Encensoirs en argent pur, le marc	1	
dito en cuivre plaqué, chaque	2	

DÉSIGNATION DES OBJETS.	Montant des dr. d'imp. g.	c.
Encre en poudre et en petites cruches, la douzaine		20
dito en bouteilles, dito		75
dito rouge, en petits pobans, dito		12
dito de la Chine, l'once		12
dito à marquer le linge, l'étui		12
Entonnoirs en cuivre, chaque		15
dito en ferblanc, dito		6
Epaulettes en or fin, pour officiers supérieurs, la paire	6	
dito en argent fin, dito dito	4	
dito en or et argent faux, dito dito		75
dito en or fin, pour officiers inférieurs, dito	3	
dito en argent fin, dito dito	1	25
dito en soie, la douzaine	1	25
dito en fil, laine ou coton, dito		75
Epées montées en argent fin, avec fourreaux en cuivre argenté, ch.	4	
dito dito dito en cuir et embouts argentés, chaque	3	
dito en cuivre doré ou argenté, avec fourreaux en cuivre doré ou argenté, chaque	1	
dito en cuivre doré ou argenté, avec fourreaux en cuir et embouts en cuivre doré ou argenté chaque		75
Eperons d'or fin, à chaine ou unis, l'once	1	
dito d'argent fin, dito. le marc	1	
dito en cuivre doré ou argenté, la douzaine de paires	4	
dito en fer ou cuivre; soufflé ou plaqué. dito	1	
dito en fer ou cuivre brut, dito		50
Epingles en pierres fausses, montées sur or ou argent, la douzaine		75
dito en cuivre doré, de toutes formes, dito		37
dito diverses, de toilette, le paquet de 12 feuilles		12
dito des mêmes, en grenier, la livre		16
Eponges fines, dito		35
dito communes, pour chevaux, dito		6
Eprouvettes ou aéromètres, chaque		15
Equerres en fer, dito		10
dito en bois, dito		6
Esprit de vin, le gallon	1	50
Espagnolettes en fer, grandes, pour portes, chaque		75
dito petites, pour fenêtres, dito		50
Essence de térébenthine, le gallon		12
dito de semen-contra, en fioles, la douzaine		75
dito éthérée, le flacon		12
dito de girofle, vanille et autre de cette espèce, la bouteille		60
dito d'odeurs, en petites fioles de cristal, chaque		10
Essences de cedre, cyprès, ou pitchpin, le millier		75
Essence de sap, le millier		40
Essieux en fer, le quintal		50
Estampes, autres que celles prohibées, 12 p. 0/0 *ad valorem*.		
Estoupilles de toutes qualités, l'aune		8
Etain en saumon, le quintal	3	
Etamine large, l'aune		4
dito étroite dito		2
Etaux, grands, le quintal		50
dito, petits, à main, pour orfèvres, la douzaine	1	
Ether sulfurique, la livre		12

DÉSIGNATION DES OBJETS.	Montant des dr. d'imp. g.	c.
Etiquettes diverses, le cent		50
Etoupe, le quintal	1	
Etriers fins, la paire		30
dito communs, la douzaine		50
Etrivières, la douzaine	3	
Etuis d'instrumens de mathématiques, chaque		50
dito en ferblanc, peints, pour cigares, la douzaine		25
dito de couturières, en nacre ou en ivoire, dito		30
dito en bois ou en os, dito		8
dito en carton, avec fioles vides, pour contenir l'encre à marquer le linge, la douzaine d'étuis		25
Eventails fins, en étoffes de soie, paillettes, ou en ivoire détaillé, montés en ivoire, la douzaine	2	
dito ordinaires, en étoffe commune ou en papier, pailletés et montés en bois fins, la douzaine		75
dito communs, en papier peint, non pailletés, montés en bois communs ou en os, la douzaine		12
Entrées de serrures en cuivre, pour armoires, la paire		12
dito dito, en fer, pour dito dito		2
Etrilles, la douzaine		50
Etoffes pour pantalons, tissu de laine et de fil, en couleur, de 4/4 de largeur, unies, à barres ou à raies, l'aune		6
dito, dito, fil et coton, de 4/4 de largeur, unies, à barres ou à raies, l'aune		4
dito, dito, des mêmes, étroites, unies, à barres ou à raies, l'aune		3
dito, dito, de coton pur, de 4/4 de largeur, l'aune		4
dito, dito, dito, étroites, l'aune		3
dito, dito, tissu de laine et de fil, en couleur, unies, à barres ou à raies, étroites, l'aune		4
dito en crin, pour sophas, l'aune		25
Émétique, l'once		20
Faïence fine, en paniers, le panier de 5 pieds de long	4	
dito commune en boucauts ou tierçons, chaque	5	
dito fine, en demi-paniers, chaque de 2 pieds	2	
dito brune, en paniers ou harasses, chaque	1	50
dito, dito, en demi-paniers ou demi-harasses, chaque		75
Fanaux, grands, en cuivre verni ou argenté, dito		75
dito, petits, dito, dito, dito dito		12
Farine de froment, le baril	3	
dito de seigle, dito	1	
dito de maïs, dito	2	50
Fauteuils seuls, fins, à fond de paille ou de bois, dorés, chaque	1	
dito, dito, dito, en crin ou maroquin, dorés ou non, dito	1	
dito, dito, de bois ordinaires, à grand dossier, dorés ou non, chaque		75
dito, dito, simples, communs, chaque		50
Fers en barres, le quintal		60
dito en saumon, dito		50
dito en lames, dito		70
dito à repasser, les 12 paires	1	
dito à varlopes et à rabots, la douzaine		25
dito à ferrer les chevaux, les 4 fers		8
Ferblanc double, en feuilles, les 100 feuilles	5	

DÉSIGNATION DES OBJETS.	Montant des dr. d'imp.	
	g.	c.
Ferblanc simple, dito, dito	1	
Feuillards en fer, le quintal		75
dito en bois, le millier	1	50
Festons brodés, en mousseline, etc., l'aune		8
Fiches en cuivre, pour armoires, la douzaine		80
dito en fer, pour dito dito		40
Feuilles en bois, pour la confection des boîtes de chapeaux, la douzaine de paquets	2	
Fèves en baril, le baril		40
Ficelle, la livre		3
Fichus, collerettes, pellerines, de dentelle de fil ou de soie, la douzaine	4	
dito, dito, dito, de dentelle de coton, la douzaine	2	
dito, dito, dito, de soie ou de gaze de soie, dito	2	
dito, dito, dito, de batiste, brodés, dito	2	50
dito, dito, dito, dito, unis, dito	2	
dito, dito, dito, de gaze, linon, coton et mousseline, la douzaine	1	
Fifres, garnis en argent, chaque		30
dito ordinaires, la douzaine		60
Figues en petits barils, caisses ou paniers, chaque		25
Fil d'épreuve (gingas de), l'aune		2
dito blanc, assorti par numéros, la livre		20
dito de couleur, dito dito		18
dito de coton blanc, par têtes assorties, la livre		14
dito, dito de couleur, dito dito		12
dito, dito blanc, à broder, en pelottes ou bobines, le carton de 12 pelottes ou bobines		2
dito de coton blanc et de couleur, en bobines ou pelottes, dites papillottes, la livre		8
dito de Rennes, dito		12
dito à voile, à fole et à cordonnier, la livre		4
dito de laiton ou de fer, dito		8
Filières assorties, chaque		20
Fioles vides, grandes, le cent		50
dito, dito, petites, dito		40
Flageolets, la douzaine		75
Flammes pour saigner les chevaux, à plusieurs lames, chaque		12
dito, dito, dito, simples, la douzaine		30
Flanelle, l'aune		6
Fleurs de tilleul, violette, sureau, etc., la livre		4
dito artificielles, en bouquets, avec pots de porcelaine et cylindres, chaque pot garni	2	
dito des mêmes, avec pots de porcelaine, sans cylindres, le pot	1	
dito des mêmes, en carton de dix bouquets, le carton	3	
dito des mêmes, par bouquets, chaque bouquet		30
dito des mêmes, pailletées en guirlandes, pour tête, chaque guirlande		60
Fleurets, montés ou non, les 12 fleurets	1	50
Flûtes de 6 à 8 clefs, chaque flûte	1	37
dito ordinaires, la douzaine	3	
Foin, la botte		30
Fontaines en faïence et ferblanc, chaque		30

DÉSIGNATION DES OBJETS.	Montant des dr. d'imp.	
	g.	c.
Fontes fines, avec couvertures en peau d'ours ou de tigre, galons en or ou argent, embouts plaqués ou soufflés, la paire..	3	50
dito, dito, sans couvertures, avec embouts plaqués ou soufflés, la paire..........	1	50
dito communes, sans embouts, avec couvertures en cuir, la paire..........	1	
Formes de chapeau, en bois, la douzaine..........	2	
dito de souliers, assorties, la douzaine de paires..........	2	88
dito à sucre et canaris, chaque..........		6
Forté-piano, à queue, chaque..........	25	
dito carrés, dito..........	20	
Fouets de cabriolet, la douzaine..........	4	
dito de cheval, fins, dito..........	2	50
dito, dito, communs, la douzaine..........	1	25
Fourchettes d'argent, le marc..........	1	
dito de métal. (Voyez les articles Cuillers et Couteaux.)		
Franges de soie, l'aune..........		6
dito de fausse dentelle, l'aune..........		4
dito de coton, dito..........		1
dito en or ou argent faux, dito..........		50
dito, dito, dito, fin, dito..........	1	25
Fromages, de toutes qualités, la livre..........		2
Fruits à l'eau-de-vie, les 12 pohans..........		50
dito confits au vinaigre, dito..........		30
dito factices, en marbre, la douzaine..........		15
dito à l'eau-de-vie, en bocaux, chaque bocal..........		50
Fusées et pétards, la douzaine..........		30
Fusils de munition, avec ou sans baïonnettes, (*francs de droits.*)		
dito de chasse, fins, garnis ou non en argent, à 2 coups, avec ou sans boîtes, chaque..........	6	
dito des mêmes, à un coup, avec ou sans boîtes, chaque..........	3	50
dito des mêmes, ordinaires, à 2 coups, dito..........	1	50
dito des mêmes, dito, à un coup, dito..........	1	
dito à aiguiser les couteaux, la douzaine..........		40
Fers ou carreaux pour chapeliers ou tailleurs, la douzaine de paires.	1	25
Gallons en cuivre, pour mesure, chaque..........		40
dito en ferblanc, dito dito..........		16
Galettes de feutre, grises, pour chapeaux, chaque..........		12
dito, dito, noires, dito, dito..........		16
Galons d'or fin, de plus de 18 lignes, l'aune..........	1	50
dito, dito, de 12 à 18 lignes, dito..........		80
dito, dito, au-dessous de 12 lignes, l'aune..........		40
dito d'argent fin, de plus de 18 dito, dito..........		75
dito, dito, de 12 à 18 dito, dito..........		40
dito, dito, au-dessous de 12 lignes, l'aune..........		18
dito d'or et d'argent faux, de plus de 18 lignes, l'aune..........		25
dito, dito, dito, dito, de 12 à 18 lignes, dito..........		15
dito, dito, dito, dito, au-dessous de 12 lign., dito..........		8
dito de soie, étroits, l'aune..........		6
dito de laine, dito, dito..........		3
Ganses en torsade et en galons plats d'or fin, chaque..........		30
dito, dito, des mêmes, d'argent fin, chaque..........		20
dito, dito, des mêmes, d'or ou d'argent faux, chaque..........		12
Gants de peau, à la crispin, pour hommes, la douzaine..........	1	50

DÉSIGNATION DES OBJETS.	Montant des dr. d'imp. g.	c.
Gants de peau ordin. pour hommes et femmes, la douzaine......		87
dito de peau fine, pour femmes, grands, p. bras, la douzaine	1	75
dito de soie, pour hommes et femmes, dito.........		50
dito de laine, fil ou coton. dito.........		40
Garnitures de cercueil, chaque.........	6	
dito de robes, en tulle ou dentelle, avec bouquets ou perles, fleurs, etc., chaque.........	3	
dito, dito, de mousseline ou de gaze, brodées, l'aune..		8
dito, dito, de mousseline ou de gaze, dites entre-deux, l'aune.........		5
dito de foudres, grenades, cors-de-chasse, en or ou argent fin, la garniture.........		40
dito des mêmes, en or ou argent faux, la garniture.........		25
dito des mêmes, en cuivre pur, dito.........		12
dito de brides, chaque.........		50
Gaze de soie et fil, avec or ou argent, pour robes, l'aune.........		50
dito, dito, dito, unie, pour robes, l'aune.........		25
dito de coton, l'aune.........		8
Genièvre en futailles de 60 gallons au moins, le gallon.........		50
dito en caisses de 12 flacons, la caisse.........	1	50
dito en potiches ou cruches d'une pinte et demie, la douzaine de cruches ou potiches.........	1	
Gibernes d'officiers, avec baudriers en galon d'or ou d'argent, chaque.........	1	50
dito avec baudriers de maroquin brodé, chaque.........		75
dito dito dito estampillé ou uni, chaque..		40
dito dito de cuir uni ou verni, dito....		20
dito de troupes, avec baudriers en buffle, la douzaine.........	2	
Gilets de drap fin, à manches, chaque.........	6	
dito de drap ordinaire ou commun, à manche, chaque.........	4	
dito d'étoffes légères, à manches, chaque.........	3	
dito de dessous, en casimir, drap de soie ou autre étoffe brochée, chaque.........	2	
dito dito, en étoffes légères, chaque.........	1	
dito dito, galonnés en or ou argent, chaque.........	6	
Gingas de toutes qualités, au-dessous de 24 pouces de largeur, l'aune.........		1
dito des mêmes, de 24 à 31 pouces, l'aune.........		2
dito des mêmes, au-dessus de 31 pouces à 36 pouces, l'aune...		3
dito des mêmes, au-dessus de 36 pouces à 42 pouces, dito...		4
dito des mêmes, au-dessus de 42 pouces, l'aune.........		5
Girofle, la livre.........		18
Glaces encadrées, avec dorure ou non, de toutes dimensions, (autres que miroirs), par chaque pouce carré.........		1
Glands en or ou argent, pour bottes ou chapeaux, en franges, la paire.........		30
dito des mêmes, pour officiers supérieurs, la paire.........		60
Gobelets. (Voyez Verrerie.)		
Globes ou sphères géographiques, chaque.........		50
dito pour salle, garnis avec chaînes, chaque.........	2	
dito dito, sans garnitures, dito.........	1	
Gomme de gaïac, le quintal.........	2	
dito arabique, la livre.........		3
dito gutte, adragante, ammoniaque, la livre.........		3

DÉSIGNATION DES OBJETS.	Montant des dr. d'imp. f.	c.
Gomme élastique, la livre		40
Gonds et pentures en cuivre, la livre		8
dito et pentures en fer, assortis, les 12 paires	2	
Goudron, le baril		75
Gouges assorties, pour charpentiers, la douzaine		30
Gourmettes pour brides, la douzaine		18
Graines de jardinage, la livre		8
dito de lin, le cent		87
dito de genièvre, la livre		3
dito de santé, en boîtes, la boîte		8
Graphomètres à lunette, ou longue-vue, chaque	2	50
dito à alidades simples, chaque		75
Gravures, petites et communes, sans cadres, autres que celles prohibées, la douzaine		12
Grelots en cuivre doré ou argenté, la grosse		40
dito en cuivre pur, la grosse		20
Grenades, (projectiles), (*franches de droits.*)		
dito foudres et cors-de-chasse, pour garnitures d'habits. (Voyez Garnitures.)		
Grenats fins, par masses de 12 rangs, la masse	3	
dito faux, dito dito dito		25
Grilles en fer, pour barrières ou balcons, le quintal	4	
Grils dito. pour cuisine, la douzaine		87
Gros-tort, l'aune		3
Guêtres blanches ou en couleur, la douzaine		50
dito en drap, la douzaine	2	
Guignolet et ratafia, les 12 bouteilles	1	
dito, dito les 12 demi-bouteilles		50
Guimauve (fleurs de), la livre		5
Guinée bleue, l'aune		3
dito rouge, dito		5
Guinghans, de 20 à 25 pouces, l'aune		2
dito. de 25 à 30 dito, dito		3
dito, de 30 à 35 dito, dito		4
dito, de 35 à 40 dito, dito		5
dito, de 40 à 45 dito, dito		6
dito, de 45 et au-dessus, dito		7
dito, des Indes, rayés, clairs, communs, l'aune		3
Gigots pour manches de robes, détachés des coupons de robes, la douzaine de gigots	1	50
Gueuses en fer, le quintal		50
Guitares, chaque	1	
Garnitures pour lits, en soie, avec brandebourgs, chaque	4	
dito pour lits, en étoffe de toutes qualités, dito	2	
Gratoirs pour bureaux et comptoirs, la douzaine		50
Habits de drap fin, unis, faits, chaque	10	
dito dito ordinaire ou commun, faits, chaque	8	
dito dito divers, pour enfans, faits, dito	6	
dito dito brodés en or fin, dito, dito	20	
dito dito en argent fin, dito, dito	15	
dito dito divers, coupés et non cousus, dito	2	50
Haches de sapeur, avec ou sans fourreaux, chaque		25
dito de charpentier, de toutes qualités, la douzaine	1	
Hachots, pour couvreurs, la douzaine		75

DÉSIGNATION DES OBJETS.	Montant des dr. d'imp. g.	c.
Hamacs de soie, chaque	3	
dito de coton, damassés et tricotés, chaque	2	
dito unis, chaque	1	50
Hameçons assortis, le millier	1	50
Harengs au gos sel et en saumure, le baril		50
dito saurs, en quarts, huitièmes, ou en caisses, chaque		12
Harmonica, (instrument de musique). dito		25
Harpes, chaque	25	
Hausse-cols, chaque		25
Horloges de sable, la douzaine		75
dito en bois, pour antichambre ou cuisine, avec chaîne et poids, chaque		60
dito pour maisons, églises, etc., 12 p. o/o *ad valorem.*		
Houes, la douzaine		60
Housses et houssons galonnés, en or, chaque	5	
dito dito dito, en argent, dito	3	
dito dito en soie et fil, brodés ou non en couleur, chaque	1	50
dito dito de coton, unis ou non brodés, en couleur, dito		30
Huile d'olive en futaille, le gallon		20
dito dito en touques de 3 à 4 gallons, la touque		75
dito dito en demi-touques, la demi-touque		37
dito dito en paniers de douze bouteilles, le panier		50
dito dito en caisses de 30 fioles, la caisse		60
dito dito en caves de 12 pobans, la cave		25
Huile à brûler, le gallon		5
dito de lin et de térébenthine, le gallon		12
dito dito dito en touques, de 3 à 4 gallons, la touque		40
dito d'amandes, la bouteille		12
dito dito la livre		10
dito de palma-christi, clarifiée, la bouteille		16
dito dito dito le gallon		64
Huîtres marinées, en petits barils ou en pots, le baril ou le pot		18
Herses, objets pour culture (*franches de droits.*)		
Images assorties, autres que celles prohibées, les cent		50
Incarnat (coton), la livre		20
Indiennes, grosses, claires et très-communes, l'aune		3
dito autres que celles ci-dessus, l'aune		6
Indigo, la livre		40
Instrumens de chirurgie, 12 p. o/o *ad valorem.*		
dito de musique militaire (le corps complet)	40	
Ipecacuanha, la livre		20
Ivoire (objets en ivoire), non prévus, 12 p. o/o *ad valorem.*		
dito brut ou morfil, la livre		6
Jabotières de dentelle de fil ou de soie, la douzaine	4	
dito de batiste, brodées, la douzaine	3	
dito dito unies, dito	1	50
Jalap, la livre		8
Jambettes à plusieurs lames, fines, la douzaine		50
dito à une seule lame, dito dito		16
dito commune, à une seule lame, dito		8
Jambons, la livre		2
Jarres assorties, chaque		37
Jarretières en peau ou étoffes diverses, la douzaine de paires		50

DÉSIGNATION DES OBJETS.	Montant des dr. d'imp.	
	g.	c.
Jetons, 12 p. 0/0 *ad valorem*.		
Joujoux d'enfans, autres que ceux prévus, 12 p. 0/0 *ad valorem*. .		
Jumens, chaque	10	
Jugulaires pour casques ou schakos d'officiers, détachées, la paire.		8
dito dito dito de troupe, la douzaine de paires		30
Kermès minéral, la livre		50
Kirsch-wasser en bouteilles, la douzaine	1	50
Lacets en soie, la douzaine		8
dito en fil ou coton, la douzaine		6
Laine brute, la livre		8
Langues fourrées, la douzaine		50
dito de morue, en petits barils ou en pots, chaque		12
dito en saumure, le baril		75
Lanternes en ferblanc, grandes, chaque		18
dito dito petites, dito		8
Lard en planches, la livre		2
Lattes de bois, le millier		75
Licols en cuir, pour chevaux, chaque		25
Liége en planches, le millier	5	
Lignes de pêche, à pavillon, etc, la livre		4
Limes assorties, la douzaine		75
Linon fin, uni ou brodé, l'aune		30
dito ord. dito dito		12
dito commun, uni ou brodé, l'aune		8
dito de coton ou gazé, dito		12
Liqueurs douces, de toutes qualités, les 12 bouteilles	2	50
dito des mêmes, en paniers de 2 pomponnelles, le panier		85
Lits à colonnes, de bois d'acajou, unis, chaque	15	
dito des mêmes, sculptés ou cannelés, avec corniche, chaque	25	
dito de chêne, unis, chaque	8	
dito de sap, dito	6	
Livres reliés en basane, en veau ou en maroquin, dorés ou non sur tranches, avec ou sans gravures, chaque volume in-folio		40
dito dito in-4°		20
dito dito in-8°		15
dito dito in-12		10
dito dito in-16		5
dito dito in-18		2
Livres cartonnés ou brochés, avec ou sans gravures, chaque volume in-folio		20
dito in-4°		12
dito in-8°		10
dito in-12		6
dito in-16		3
dito in-18		1
dito classiques, c'est-à-dire les grammaires et dictionnaires des langues mortes et vivantes, les auteurs latins et grecs, les livres d'arithmétique, de géométrie et d'algèbre, et les géographies élémentaires, quand ils sont cartonnés ou brochés, paieront la moitié moins que les livres cartonnés ou brochés, dans les mêmes dimensions.		
Livrets ou carnets de poche, simples, la douzaine		30
dito dito fins, en cahiers, dito		40

DÉSIGNATION DES OBJETS.	Montant des dr. d'imp. g.	c.
Livrets d'or (petits carnets ayant les feuilles dorées), la douzaine..		40
Longues-vues, grandes de 2 pieds dans tout leur développement, la douzaine..............................	2	
dito au-dessous de 2 pieds dans tout leur développement, la douzaine..............................	1	25
Loquets en fer, avec poignées de cuivre, la douzaine............		75
dito dito de fer, dito.............		25
Lorgnettes richement montées, chaque..................	1	
dito en cuivre doré ou argenté, chaque..................		40
dito en bois ou carton, chaque..........................		15
Lorgnons richement montés, dito..........................		30
dito en ivoire, écaille, cuivre doré ou argenté, chaque.........		15
Lotos (jeux de), chaque.....................................	1	50
Louchets en fer, la douzaine................................		40
Lunettes à branches, montées en or, chaque..................	1	
dito dito dito en argent, dito.................		60
dito à branches d'écaille, montées en or, chaque............		50
dito dito dito en cuivre doré ou argenté, la douzaine..................................	1	50
dito à branches d'écaille, montées en fer, la douzaine.......		50
Lunettes sans branches, montées en or, chaque...............		40
dito dito dito en argent, dito................		20
dito dito dito en écaille, la douzaine........		90
dito dito dito en cuivre doré ou argenté, la douzaine..................................		75
dito dito dito en fer, la douzaine............		30
Lustres à cercles ou à cristaux, 12 p. o/o, *ad valorem*.		
Madras réels, en pièces, pour robes, l'aune..................		25
dito faux, dito dito dito..................		15
Macamby, le baril..		40
Machines pour préparer le coton, piler et vanner le café, et autres propres à économiser la main-d'œuvre ou à améliorer la préparation des produits du sol, 12 p. o/o *ad valorem*.		
Maïs en grains, le baril......................................	2	
Magnésie, la livre..		20
Malaguette, dito..		8
Malles vides, grandes et petites, en jeu, chaque malle		75
dito contenant des marchandises importées, dito..............		25
Manches d'alênes, la grosse..................................		50
Manchettes à manche de corne, la douzaine....................		50
dito dito de bois, dito....................		40
dito longues, à gardes ou sans gardes, avec fourreaux en cuir, la douzaine..................................	1	
Mandolines, chaque..	1	
Manne, la livre..		10
Manteaux de drap, galonnés en or ou argent, chaque............	20	
dito dito fins, unis, chaque.......................	10	
dito dito ordinaire ou commun, chaque...............	5	
Mantègue, le quintal...	1	50
Maquereaux, le baril...		50
Marbres pour commodes, consoles, bureaux ou tables, chaque...	1	
dito pour tombes, de 6 à 7 pieds de long, gravés, dito....	5	
dito dito dito unis, dito....	3	

DÉSIGNATION DES OBJETS.	Montant des dr. d'imp.	
	g.	c.
Marbres pour tombes d'enfans, de 3 à 4 pieds de long, gravés, chaque	2	
dito dito d'enfans, de 3 à 4 pieds de long, unis, chaque	1	
Marmites en fer ou en fonte, le quintal		75
dito en tôle ou en ferblanc, chaque		12
Marrons, le baril		75
Marteaux assortis, la douzaine		40
Masses en fer, dito	1	50
Masques en fil de fer, pour escrime, la paire		40
dito de carnaval, en carton, la douzaine	1	
dito en toile cirée, dito	2	
Matelas en crin, grands, chaque	1	50
dito dito, petits, dito		75
Mats, petits, dits espars, dito		40
dito, grands, pour mâtures, 12 p. 0/0 *ad valorem.*		
Mèches à vilbrequin, le jeu		75
dito à quinquet, la grosse		12
Médecine purgative de Leroy, en demi-litres, chaque	1	
dito dito dito, en quarts de litre, chaque		50
dito, vomi-purgatif, dito, en huitièmes de litre, dito		36
dito dito dito, en seizièmes de litre, dito		18
Mercure précipité, la livre		40
Merrains, le millier	1	50
Meules à aiguiser, assorties, chaque		25
Miel, la bouteille		16
Mine de plomb, la livre		8
Mirobon, étoffe mêlée de soie et coton, l'aune		10
Miroirs de 2 pouces sur 3, montés sur carton ou feuille de bois, la douzaine		4
dito de 3 à 4 pouces, sur 5 à 7 pouces, montés sur carton ou feuille de bois, la douzaine		8
dito de 4 à 7 pouces, sur 7 à 12 pouces, montés sur carton, avec ou sans tiroirs, la douzaine		50
dito des mêmes dimensions, montés sur bois divers, avec ou sans dorure, pour toilette, la douzaine		70
dito en pivot ou sans tiroirs, montés sur bois divers, de 6 pouces et au-dessus de diamètre, sur 10 à 15 pouces de hauteur, chaque		40
dito des mêmes, au-dessous de 6 pouces de large ou de diamètre, sur 6 à 10 pouces de hauteur, chaque		25
dito de 7 à 10 pouces, sur 12 à 15 pouces, encadrés, avec dorure ou non, pour toilette, la douzaine	1	50
dito au-dessus des dimensions ci-dessus. (Voyez Glaces.)		
Molleton de laine ou de coton, l'aune		10
Montres d'or, à musique, chaque	5	
dito dito à répétition ou à quantième, chaque	4	
dito dito simples, dito	3	
dito d'argent, dites de prix, dito	1	
dito dito ordinaires. dito		50
Moques en ferblanc, la douzaine		36
Morlaix large, créas, l'aune		4
dito étroit, ou dowlas, l'aune		3
Mors de brides, plaqués, chaque		60

DÉSIGNATION DES OBJETS.	Montant des dr. d'imp.	
	g.	c.
Mors de brides, communs, chaque		30
Mortiers, (bouches à feu), (*francs de droits*).		
dito en marbre, avec ou sans pilons, la douzaine	2	
dito en cuivre, dito la livre		10
dito en fer, dito dito		4
Morue, bacallau et paccork, le quintal		36
Mouchettes avec plateaux en tôle ou ferblanc, la douzaine		30
dito sans plateaux, dito		16
Mouchoirs de Madras véritables, la pièce de 8 mouchoirs	2	
dito de Poliacat et de Masulipatan, véritables, la pièce de 8 mouchoirs	1	
dito façon Madras. Poliacat, Masulipatan, la douzaine		50
dito de fil, à fonds divers en couleur, ou en carreaux, larges de 3/4 et au-dessus, la douzaine		75
dito dito, des mêmes, au-dessous de 3/4, la douzaine		40
dito dito, fins et blancs, de 7/8 et au-dessus, dito	1	
dito dito, communs, blancs, de 7/8 et au-dessus, la douzaine,		50
dito de Poliacat, dito		50
dito bleus, dits faux Romal. gros, dito		16
dito d'indienne, étroits, communs, dito		22
dito d'organdi, blancs et en couleur, dito		50
dito de coton, fins, pour poche, dito		66
dito dito, ordinaires, étroits, blancs ou de couleur, dito		30
dito de mousseline fine, dito	1	
dito dito commune, dito		50
dito de percale, brodés, dito	1	25
dito de batiste, brodés, de 3/4 et au-dessus, dito	5	
dito dito dito, au-dessous de 3/4, dito	4	
dito de batiste, imprimés ou festonnés, la douzaine	3	
dito, dito, dito, sans festons, dito	2	
dito, dito, unis, en pièces, de 3/4 et au-dessus, la douzaine	2	
dito, dito, unis, en pièces, au-dessous de 3/4, la douzaine	1	50
dito de soie, noirs, au-dessus de 4/4, la douzaine	2	50
dito, dito, dito, au-dessous de 4/4, dito	1	
dito, dito, en couleur, pour poche, dito	2	
Moules à balles, en cuivre, la douzaine	1	50
dito, dito, en fer, dito		75
dito à pâtisserie, en cuivre, chaque		50
dito, dito, en ferblanc, dito		30
Moulins à vapeur. (*francs de droits.*)		
dito à maïs, chaque	1	
dito à moudre le poivre ou le café, chaque		6
dito à tabac, chaque	2	
Mousquetons de cavalerie (*francs de droits.*)		
Mousseline blanche et en couleur, unie ou brodée, de 3/4 et au-dessous, mousselinette et basin mousseline, l'aune		5
dito blanche ou en couleur, unie ou brodée, au-dessus de 3/4, l'aune		8
Moustiquaires faites en organdi, chaque	3	
dito, dito en gaze ou mousseline, chaque	5	
Moutarde en poudre et liquide, le pot		2
dito, dito, la livre		5

DÉSIGNATION DES OBJETS.	Montant des dr. d'imp.	
	g.	c.
Moutarde (graines de) en futaille ou en sac, la livre		2
Moutardiers en verre, la douzaine		16
dito en faïence, dito		16
dito en porcelaine, dito		36
dito en cristal, dito		60
Mouton salé, le baril	2	
dito en vie, chaque		50
Mulets, chaque	3	
Musc, la livre		75
Muscade, dito		36
Nankin véritable et contrefait, large, blanc, jaune et bleu, en pièces ou coupons de 4 à 6 aunes, les 10 pièces ou coupons	1	50
dito des mêmes, étroits, en pièces ou coupons de 4 à 7 aunes, les 10 pièces ou coupons	1	
Nankinettes de toutes couleurs, à barres ou unies, printannières, florentines, de 20 pouces et au-dessous larges, l'aune		2
dito des mêmes, au-dessus de 20 pouces à 29 pouces de large, l'aune		3
dito des mêmes, au-dessus de 29 pouces, l'aune		4
Nanson au-dessous de 3/4 de large, l'aune		8
dito de 3/4 de large et au-dessus, l'aune		12
Nappes fines, damassées, larges, chaque	1	
dito rayées, dito		75
dito ordinaires, unies, à barres de couleur, chaque		30
dito écrues, chaque		12
dito de coton, fines et larges, chaque		60
dito, dito, communes et étroites, chaque		20
Nattes de paille, larges de 4/4 et au-dessus, en pièces, l'aune		20
dito au-dessous de 4/4 de large, en pièces, l'aune		12
dito de jonc, chaque		15
Navettes en argent pur, le marc	1	
dito en cuivre doré, chaque paire	1	
Nécessaires en nacre, garnis de leurs objets, pour hommes et femmes, chaque	1	50
dito riches, en nacre, garnis de leurs objets, chaque	6	
dito en acajou ou bois recherchés, garnis de leurs objets, chaque		75
Noir de fumée, la poche		1
dito animal, le cent		75
Noisettes et noix à manger, le baril		75
Noix de galle, la livre		4
Nougat blanc et rouge, la livre		12
Obus (projectiles) (*francs de droits*).		
Obusiers, (bouches à feu), dito.		
Ocre jaune, le quintal		75
Oignons en macornes, la macorne		5
dito en grenier, le quintal	1	
Olives en pobans, les 12 pobans		20
dito en petits barils, le petit baril		30
dito en potiches, la potiche		8
Onguent mercuriel, la livre		12
dito diachylum, amer, basilicum, la livre		6
Opium, la livre		20
Or brûlé, l'once	1	

DÉSIGNATION DES OBJETS.	Montant des dr. d'imp.	
	g.	c.
Oreillers ou traversins en plumes, chaque......................		45
Orge, le baril..		75
Ornemens de brides, en étain, la grosse......................		66
dito, dito, en cuivre doré ou argenté, la grosse.	1	50
dito d'église, 12 p. 0/0 *ad valorem.*		
dito de prêtres, 12 p. 0/0 *sur estimation.*		
Organdi en pièce, l'aune..................................		5
Orgues, 12 p. 0/0 *ad valorem.*		
Paillettes en or ou argent fin, l'once..........................		75
dito, dito, dito, faux, dito..............................		40
Pains à cacheter, la livre..................................		20
Palettes de peintre, en ivoire, la douzaine....................		20
dito, dito, en bois divers, dito..........................		12
Panacée, la bouteille......................................		50
Paniers ou corbeilles en osier, grands, la douzaine..............	2	
dito, dito, dito, petits, dito..................		75
Pantalons de drap fin, casimir, tricot soie, chaque............	4	
dito de toile fine, basin, nankin, nankinette et autres étoffes légères, chaque................................	1	
dito de peau de daim ou de chamois, chaque.............	4	
dito galonnés en or, chaque..........................	8	
dito, dito en argent, chaque........................	6	
dito en colette ou grosse toile, la douzaine...............	3	
Papier sablé, la main......................................		8
dito à dessins, plans et cartes, dit grand aigle, les 100 feuilles...	1	
dito à ministre, coupé, fin et doré sur tranches, la rame......	1	
dito du même, non doré sur tranches dito......		75
dito fin, au-dessus de 15 pouces, dito......		60
dito ordinaire, grand, de 15 pouces et au-dessus, dito......		70
dito commun, à écolier, au-dessous de 15 pouces, dito......		25
dito à lettres, doré sur tranches, dito......		60
dito, dito, non doré sur tranches, dito......		48
dito d'enveloppes, à cartouches et à doublage, gris, bleu, jaune, la rame..................................		12
dito rayé, à musique, la main..........................		10
dito à tapisserie, à fond riche ou avec sujet, et velouté ou satiné, le rouleau..........................		25
dito, dito à fond varié ou à fleurs, et velouté ou satiné, sans dorure, le rouleau................		18
dito, dito, à fond uni, velouté ou satiné, le rouleau.....		12
dito, dito, ordinaire, à fond uni, varié ou à fleurs, sans dorure, ni satiné, glacé ou non glacé, le rouleau..............................		6
Parapluies en soie et à longue-vue, chaque....................	1	50
dito en soie, ordinaires, dito....................		75
dito en coton. dito....................		18
Parasols et ombrelles pour femmes, de toutes grandeurs et façons, chaque..............................		80
dito dito pour enfans, comme ci-dessus..........		75
Parchemin, les douze feuilles..............................		75
Passans ou passemens en or ou argent fin, la paire............		8
dito dito dito faux, dito..............		4
Pastilles diverses, la livre.................................		12
Pâte, vermicelle, macaroni, etc., la livre......................		3

DÉSIGNATION DES OBJETS.	Montant des dr. d'imp. g.	c.
Pâte d'amandes et de cocos, la livre		28
Peaux de vache, diverses, chaque		64
dito de veau, vernies, pour couvertures de fonte, etc., la douzaine	4	
dito dito dito	3	
dito de chèvre, dito	1	
dito de maroquin vrai, la douzaine	2	
dito dito faux, dito	1	
dito de daim ou de chamois, chaque		30
dito de mouton, blanches ou chamoisées, la douzaine	1	
dito d'ours, chaque		50
dito de tigre, dito	1	
dito de buffle, la douzaine	12	
dito de cochon, dito	5	
dito cirées, de cheval, chaque		30
Peignes en cuivre doré, montés en pierres fausses, la douzaine	7	
dito en écaille, pour femmes, dito	4	
dito en corne, dito dito	2	
dito en ivoire, à décrasser ou à démêler, et en écaille, petits, la douzaine		50
dito en corne, divers, à décrasser ou à démêler, communs, la douzaine		25
Peintures de toutes qualités, en barils, la livre		3
dito fines, en petits pots, dito		7
Pékin de toutes couleurs, l'aune		40
Pelles en fer, la douzaine		75
dito en bois, dito		40
Peluches en soie, pour chapeaux, l'aune		12
dito en coton, dito dito		6
Pendules à musique, chaque	16	
dito à répétition, dito	6	
dito ordinaires, dito	3	
Pentures et gonds. (Voyez Gonds et Pentures.)		
Percale fine et ordinaire, l'aune		6
dito très-commune, dito		3
Perdrix confites, le pot		28
Perlasse, le quintal		75
Perruques, chaque	1	
Petit-salé en gonnes, la gonne	2	50
dito en barils, le baril	2	
Pièces à eau, cerclées en bois, par chaque gallon		1
dito dito en fer, dito		2
Pieds-de-roi, la douzaine		25
Pieds et oreilles de cochon, en barils, le baril	1	
Pierres à fusil, le millier		75
dito à rasoir, chaque		3
dito à filtrer, non montées, chaque		40
dito dito montées, dito		75
Pinceaux à peinture, assortis, la douzaine		75
dito à barbe, dito		40
Pinces à orfèvre et cordonnier, dito		40
dito à pioches, piquois, dito	1	40
Pipes vides, de 100 à 120 gallons, chaque		25
dito à fumer, en porcelaine, garnies, chaque		10
dito dito en faïence, la grosse		24

DÉSIGNATION DES OBJETS.	Montant des dr. d'imp.	
	f.	c.
Pipes à fumer en terre, la grosse		10
Pistolets à cheveux, ou fin, à piston ou non, avec leurs boîtes et accessoires, la paire	9	
dito ordinaires, à piston ou non, sans boîtes, la paire	2	
dito de cavalerie (*francs de droits*).		
Planches de pitchpin, le millier	2	50
dito de sap. dito	1	75
dito de chêne, dito	3	50
Plaques en cuivre, pour schakos de troupe, la douzaine		24
Plateaux pour cabaret, peints, dorés ou non, d'un pied et au-dessus de diamètre, chaque		75
dito pour cabaret, peints, dorés ou non, au-dessous d'un pied de diametre, chaque	1	20
Platilles blanches, de toutes qualités, larges de plus de 2[3, même taxe que toiles à chemises. (Voyez Toiles.)		
dito blanches, fines, de fil ou fil et coton, larges de 2[3 et au-dessous, l'aune		7
dito ordinaires et communes, de fil ou de fil et coton, larges de 2[3 et au-dessous, l'aune		4
dito grises, de toutes qualités et largeurs, l'aune		2
dito blanches, de coton pur, de toutes qualités, larges de 2[3 et au-dessus, l'aune		2
Platines pour la confection des cassaves, chaque		20
Plats en porcelaine fine et dorée, la douzaine	2	50
dito fine, unie ou à filets, dito	1	66
dito ordinaire et unie, dito	1	20
Plats à barbe, en porcelaine, unis, à filets ou dorés, chaque		10
dito en faïence ou ferblanc, la douzaine		75
Plomb en grains, la livre		4
dito en planches, dito		2
dito en saumons, dito		31
Plumes d'oie, à écrire, et cure-dents, le millier		30
dito en acier, à écrire, la grosse		30
Plumes de toutes couleurs, pour chapeaux, à raison de 3 plumes par garniture, la douzaine de garnitures		75
Plumets et panaches, en plumes fines, chaque		40
dito de plumes de coq, dito		10
Poêles et poêlons de cuisine, la douzaine	1	50
Poignées pour malles en cuivre, la douzaine de paires		60
dito dito en fer, dito		12
dito en cuivre ou en cristal, pour tables, la douzaine de paires.		75
Pointes en cuivre, la livre		9
dito de Paris, en fer, assorties, la livre		6
Poids pour balances, en cuivre, le quintal	9	
dito dito en fer, dito	3	
Poires à poudre, en cuivre, assorties, la douzaine	4	
dito en corne, dito dito	2	30
Poires sèches, dites tapées, le panier		30
Pois à manger, de toutes espèces, le baril	1	
dito d'iris, pour cautères, la livre		3
Poisonnières, en cuivre, la livre		10
dito en ferblanc, chaque		20
Poivre de toutes espèces, la livre		2
Polonaise, l'aune		5

DÉSIGNATION DES OBJETS.	Montant des dr. d'imp.	
	g.	c.
Polygraphes, chaque		75
Poil de cerf, le quintal	2	
Pommades en pots et en bâtons, ordinaires, la douzaine		25
dito en grands pots de grès ou ferblanc, etc., la livre		20
dito en salières de verre	1	
Pommes d'arbres, le baril		40
dito de terre, dito		40
Pommelles pour voiliers, la grosse		40
Pommeaux de selles, la douzaine de pommeaux		12
Pompes en bois, pour navires, chaque	2	
dito à incendie, chaque	5	
dito à manivelle, pour puits, chaque	3	
dito en cuivre, à main, pour guildives, chaque		50
dito en ferblanc, pour guildives, chaque		37
dito en bois, à main, dito dito		12
Pompons en or ou en argent, pour officiers, la douzaine	2	50
dito en or et soie, ou argent et soie, dito		75
dito en soie, dito		40
dito en laine, dito		25
Porcelaine, service de table, le service complet	18	
dito de cabaret, le service composé de 12 tasses et soucoupes, 1 théière, 1 sucrier, 1 cafetière, 1 pot à lait, bole, blanche et unie, le service	2	
dito service de cabaret composé des mêmes articles, à dessins communs ou à filets dorés, le service	3	
dito service de cabaret, composé des mêmes articles, à dessins ou à dorures riches, le service	6	
Porte-bouteilles, plaqués en argent, chaque		8
dito non plaqués, la douzaine		40
Porte-huiliers et porte-liqueurs, plaqués, fins, avec les carafes en cristal, chaque	2	25
dito des mêmes, avec les carafes en verre, chaque	1	
dito en bois ou en fer blanc, peints, sans carafes, chaque		30
Porte-crayons, fins, en or, chaque		25
dito fins, en argent, chaque		16
dito ordinaires, en argent, chaque		10
dito en cuivre argenté, dito		4
dito dito pur, la douzaine		30
Porte-feuilles, grands, dits à ministre, chaque	1	50
dito de poche, grands de 6 pouces ou de plus de 6 pouces, avec fermoirs, la douzaine		40
dito des mêmes, au-dessous de 6 pouces, avec fermoirs, la douzaine		20
dito des mêmes, sans fermoirs, assortis, la douzaine		12
Porte-manteaux de voyage, de toutes qualités, chaque	1	60
Porte-montres, en soie, brodés, la douzaine	1	
dito unis, dito		50
Porte-épées, en maroquin ou velours, brodés d'or, chaque		25
Potasses, le quintal		75
Potiches à encre, vides, de toutes dimensions, le cent		40
Pots de faïence, pour tabac, chaque		20
dito pour le débit des drogues, d'usage à quatre onces, les 100 pots		50

DÉSIGNATION DES OBJETS.	Montant des dr. d'imp. g.	c.
Pots de faïence des mêmes, de plus de quatre onces à huit onces, les 100 pots	1	
Pots de porcelaine, dorés, riches, pour pharmaciens, chaque		40
dito pour tout usage, chaque		25
Poudre à poudrer, les 12 livres		24
dito à gibier, la livre		12
dito à canon, dito		5
dito de litharge d'or ou d'argent, la livre		8
dito de fer, la livre		4
dito à dents, les 12 boites		40
dito de Saint-Ange et d'Aillaux, la boite		12
dito de Seidlitz et de Soda-Water, la douzaine de boites		66
Poulies simples, en bois, assorties, le pouce		1
dito doubles, dito dito dito		2
dito en cuivre, la livre		10
Pantoufles en maroquin, la douzaine de paires	4	
dito en peau ordinaire ou maroquinée, la douzaine de paires	3	
Pâte pectorale, la boite		3
Poupées fines, grandes de plus de 2 pieds, habillées ou non habillées, chaque		50
dito fines, de 12 à 24 pouces, habillées ou non, chaque		12
dito communes, en gros carton, grandes de plus de 2 pieds, habillées ou non, chaque		25
dito communes, en gros carton, de 12 à 24 pouces, habillées ou non, chaque		6
dito au-dessous de 12 pouces, de toutes qualités, habillées ou non, la douzaine		36
Presses hydrauliques (*franches de droits*).		
dito à imprimer, chaque	12	
dito à relier, dito	2	
dito à timbrer, dito	3	
Printannières. (Voyez Nankinettes.)		
Projectiles d'artillerie, de toutes sortes, non dénommés (*francs de droits*).		
Prunes et pruneaux, la livre		2
Psychés. (Voyez Glaces.)		
Queues de billard, la douzaine	3	
Quina en poudre fine, ordinaire, la livre		20
dito en écorce, dito		4
dito en sulfate ou quinine, l'once		20
Quincaillerie non prévue, 12 p. 0/0 *ad valorem*.		
Qui-ne-peut (guinga très-commun), l'aune		1
Quinquets à plusieurs branches, chaque	2	
dito ordinaires, dito		30
dito pour tables, à globes en verre, chaque	1	25
dito dito à cercle et à garde-vue, en soie ou étoffe gazée, chaque		40
Quitrines. (Voyez Voitures.)		
Rabots avec fers, la douzaine		75
dito sans fers, dito		50
Racines de bulbe, la livre		4
dito de toutes espèces, pour pharmacie et autres usages, la livre.		4
Raisins secs, la livre		2

DÉSIGNATION DES OBJETS.	Montant des dr. d'imp.	
	g.	c.
Rapporteurs en cuivre, ivoire ou corne, quand ils sont détachés des boîtes ou des étuis de mathématiques, la douzaine..		60
Rasoirs fins, dans leurs boîtes ou étuis, la paire..................		30
dito dito en paquets et en carte, dito..................		20
dito communs, dito dito..................		6
Ratafia et guignolet, les 12 bouteilles........................	1	
dito dito les 12 demi-bouteilles........................		50
Rateaux en fer, chaque..		12
Réchaux en terre, cerclés en fer, chaque........................		10
dito en fer, chaque..		20
Redingotes en drap fin, chaque................................	10	
dito en drap ordinaire ou étoffes diverses, chaque.........	4	
Régénérateur en bouteilles, la bouteille......................		25
Registres au-dessus de 24 pouces, chaque......................	1	50
dito de 18 à 24 pouces, dito......................	1	
dito au dessous de 18 pouces, dito......................		30
Règles du jeu de billard en tableaux, le tableau..............		40
dito en bois, pour bureaux, assorties, la douzaine............		30
Réglisse en bâtons ou liquide, la livre.......................		10
Rhubarbe, la livre..		12
Ridicules en soie, pour femme, chaque..........................		16
Rigoises en cuir de bœuf, la douzaine.........................		24
Riz, le quintal...	1	50
Rob antisiphilitique, en bouteilles, la bouteille..............		25
Robes faites, en dentelle ou en tulle de fil, de soie ou de fil et soie, chaque..	16	
dito en batiste et linon, unies, brodées ou en percale brodée, chaque....................................	6	
dito en batiste et linon, brodées, en soie ou en gaze, chaq.	10	
Robes en coupons de dentelle ou de tule de soie et gaze de soie, avec garnitures de linon ou de gaze, chaque...	4	50
dito brodées, sans garnitures de linon, de gaze ou de percale, chaque........................	4	
dito de mousseline, brodées, fines, en coupons de 4 aunes 1/2, chaque........................	1	25
dito de mousseline, unies, en coupons de 4 aunes 1/2, chaque........................		60
dito d'indienne, de guinghan, fines, chaque.......		88
dito dito dito communes, chaque..		40
Robinets en cuivre, pour grosses pièces, bassines, barriques, etc., la livre..		12
dito en plomb, pour grosses pièces, bassines, bariques, etc., la livre..		6
Rôtissoirs en ferblanc, avec broches et lèchefrites, chaque.......	1	
Rouen couronné, fleuret, l'aune................................		6
Roues de voitures, la paire....................................	8	
dito de cabrouet ou de chariot, la paire......................	6	
Rouleau de ménage, blanc, l'aune...............................		2
dito de toile écrue, dito.....................................		6
Roulettes en cuivre, la douzaine...............................		40
dito en fer, dito..		25
Rubans de satin et de soie, de 2 pouces de large, et plus, l'aune...		10
dito des mêmes, au-dessous de 2 pouces, par pièces de 12 aunes, la pièce..		6

DÉSIGNATION DES OBJETS.	Montant des dr. d'imp.	
	g.	c.
Rubans de soie, au-dessous d'un pouce, pour border les souliers, par pièces de 12 aunes, la pièce		2
dito de soie, larges, pour bordures de chapeaux, dits galons de soie, l'aune		12
dito de velours de soie, par pièces de 12 aunes, la pièce		5
dito dito et d'étoffes velontées, de 2 pouces de large et plus, l'aune		8
dito gazés, l'aune		4
dito de fil et coton, les 12 pièces de 6 aunes, chaque		7
Russie véritable, large, l'aune		5
dito dito étroite, dito		3
dito contrefaite, large, dito		4
dito dito étroite, dito		2
Sabres de cavalerie, pour troupes (*francs de droits*).		
dito fins, pour officiers, avec fourreaux et poignées en cuivre doré ou argenté, et avec moulures ou ornemens, chaque	2	
dito des mêmes, sans moulures ni ornemens, chaque	1	50
dito ordinaires, avec fourreaux et poignées en cuivre bruni ou uni, chaque		75
dito ordinaires, avec fourreaux de cuir et embouts de fer ou de cuivre, chaque		40
Sacs à habitan, de 3 à 4 fils, la douzaine		75
dito de colette et autres toiles, à charger, le cent	2	50
dito en soie, pour femmes. (Voyez Ridicules.)		
dito de chasse, pour plomb, simples, la douzaine		60
dito dito dito doubles, dito	1	20
dito de nuit ou de voyage, en étoffe riche, chaque		75
dito dito dito dito commune, dito		12
Safran, la livre		25
Sagou et salep, la livre		8
Saint-Georges, l'aune		3
Salières en cristal et en porcelaine, la douzaine	1	50
dito en verre, dito		75
Salsepareille, la livre		10
Sance, l'aune		3
Sandaraque en petites fioles, la douzaine		50
Sangsues, le cent		8
Sangles faites, chaque		25
dito en pièces, l'aune		3
Sardines en barils, le baril		75
dito en pots, le pot		20
dito à l'huile, en caisses de ferblanc, la caisse		30
Sassafras (bois de), le quintal		75
Satin. (Voyez Soieries.)		
Sauce ou king-sauce, la douzaine de pobans		3
Saucissons confits au sain-doux, la livre		12
dito non confits, la livre		8
Saumon en barils, le baril	1	50
dito en demi-barils, le demi-baril		75
dito en quarts de baril, le quart de baril		37
Savon de toutes qualités, les 100 livres	1	25
Savonnettes, la douzaine		16
Schakots d'officiers, en castor, velours ou maroquin, sans cordons, chaque	1	50

DÉSIGNATION DES OBJETS.	Montant des dr. d'imp.	
	g.	c.
Schakots de troupes, avec plaques, sans cordons, la douzaine......	3	
Schalls de tulle ou de dentelle de fil, et fil et soie, de 4/4 et au-dessus, chaque..........	2	40
dito des mêmes, au-dessous de 4/4, chaque.............	1	50
dito de dentelle de coton, de 4/4 et au-dessus, chaque........	1	20
dito des mêmes, au-dessous de 4/4, chaque.............	1	
dito de soie, de 5/4 et au-dessus, dito.............	1	25
dito dito au-dessous de 5/4, dito.............	1	
dito de coton blanc et en couleur, de 4/4 et au-dessus, la douzaine..........	2	
dito des mêmes, au-dessous de 4/4, la douzaine............	1	50
dito de mousseline fine, de 4/4 et au-dessus, la douzaine......	2	
dito des mêmes, au-dessous de 4/4. dito........	1	
dito de mérinos, de laine et coton, de 4/4 et au-dessus, la douzaine..........	5	
dito des mêmes, au-dessous de 4/4, la douzaine............	2	25
Scies, grandes et moyennes, non montées, assorties, la douzaine..	2	
dito petites, dito dito.....	1	50
dito moyennes, montées, assorties, la douzaine..............	2	25
dito petites, dito dito dito...............	1	75
Seaux en cuir, en bois, chaque..........................		12
dito en verre blanc ou de couleur, pour table, la douzaine.....		30
Secrétaires portatifs de voyage, en bois d'acajou, de cèdre, de buis, etc., fins et riches, chaque..........	6	
dito dito unis et communs, dito..................	1	50
Sel ammoniac, d'epsom, de glauber, etc., la livre..............		4
dito marin, en barils, le baril..........................	1	
dito en petits pains ou paniers, chaque....................		5
Selles fines, à hommes, pour officiers supérieurs, garnies de fontes et de housses galonnées, chaque..........	20	
dito ordinaires, avec housses, communes, chaque............	15	
dito sans fontes ni garnitures, dito...............	10	
dito de troupes, avec harnais, dito...............	4	
dito fines, à femmes, garnies, dito...............	12	
dito communes, dito dito...............	8	
dito à hommes et à femmes, de toutes qualités, non montées, chaque..	4	80
Séné, la livre..		8
Serge, l'aune..		5
Serinettes, chaque......................................	1	50
Seringues à pompe, la douzaine..........................		60
dito à injection, chaque..........................		25
dito ordinaires, dito..............................		25
dito d'enfants, dito..............................		12
Serpes, la douzaine......................................		50
Serrures en cuivre, de plus de 6 pouces de large, chaque.........		30
dito dito au-dessous de 6 pouces, assorties, la douzaine..	2	50
dito en fer, assorties, pour portes, la douzaine.............	1	
dito pour malles et tiroirs, en fer, dito...............		25
dito en fer, montées sur bois, dito...............		75
Serviettes avec nappes, blanches, de fil, ouvrées et damassées, la douzaine..	2	50
dito sans nappes, blanches, de fil, ouvrées et damassées, la douzaine..	2	

DÉSIGNATION DES OBJETS.	Montant des dr. d'imp.	
	g.	c.
Serviettes avec nappes, unies, à barres en couleur, la douzaine....	1	30
dito sans nappes, dito dito dito.....	1	
dito avec nappes, écrues, dito dito dito.....		75
dito sans nappes, dito dito dito dito.....		50
dito de coton, larges et damassées, avec nappes, dito.....	1	50
dito des mêmes, sans nappes, dito.....		60
dito dito étroites, petites et communes, dito.....		25
Siamoise de 3/4 à 7/8, rayée, l'aune..........		4
Sirop d'orgeat et d'autres qualités, en bouteilles, la douzaine.....	3	50
dito dito en fioles, dito.......	1	75
Sirsacas véritable, l'aune..........		20
dito contrefait, dito..........		8
Soie à coudre et à broder, la livre..........	1	
Soieries : Drap de soie et autres étoffes brodées, l'aune..........		40
— Gros de Naples, broché, uni ou rayé, satin uni ou à fleurs, tafetas et autres étoffes de soie, ouvrées, pour robes, etc., l'aune..........		25
— Lévantine, florence et soierie légère et rayée, l'aune.....		16
Soie pour cordonniers, la livre..........		20
Son, le baril..........		30
Sondes à main, en ferblanc, pour vins, la douzaine..........		50
Soufflets de forgeron, chaque..........	3	
dito de boucher, dito..........	1	
dito de cuisine, la douzaine..........		50
Soufre, la livre..........		4
Souliers fins, pour hommes, la douzaine..........	6	
dito ord. dito dito..........	3	
dito communs, pour troupes, dito..........	2	
dito pour femmes, en soie, en peau fine de couleur ou en maroquin, unis, la douzaine..........	4	
dito dito des mêmes, brodés ou pailletés, la douzaine.	6	
dito dito en prunelle et autres étoffes, ou en peau commune, la douzaine..........	3	
dito de garçons, dits de cadets, dito..........	3	
dito d'enfans, de toutes qualités, dito..........	2	
Sucre candi, de pomme et d'orge, la livre..........		16
dito raffiné, la livre..........		10
Suif, la livre..........		3
Statues en plâtre, de 2 pieds de hauteur et au-dessus, chaque.....		75
dito de 12 à 23 pouces de hauteur, dito.....		37
dito au-dessous de 12 pouces, la douzaine..........		60
dito en marbre ou en bronze, 12 p. o/o *ad valorem*.		
Soucoupes en faïence, communes, teintes, pour fleurs artificielles, la douzaine..........		12
Suspensoirs en toile, la douzaine..........		6
Tabac en poudre, la livre..........		50
dito dito en bouteilles et en flacons, chaque..........		50
dito en andouilles, la livre..........		25
dito en feuilles, de Cuba, la livre..........		12
dito dito des Etats-Unis, la livre..........		4
dito à chiquer, la livre..........		5
Tabatières en or, simples ou à musique, l'once..........	1	
dito en écaille, garnies en or fin, chaque..........		80
dito en argent fin, le marc..........	1	

DÉSIGNATION DES OBJETS	Montant des dr. d'imp.	
	g.	c.
Tabatières en écaille, garnies en argent fin, chaque		60
dito en bois ou autres matières, à fond doré, chaque		40
dito en carton, fines, la douzaine	1	
dito en carton, cuir, ou bois divers, à fond de corne, communes, la douzaine		60
dito en étain, plomb, corne, communes, la douzaine		30
dito à musique, en écaille, bois, etc., chaque	1	50
Tables en acajou, pliantes, chaque	15	
dito d'autres bois, dito dito	10	
dito de toilette, en acajou ou bois recherché, chaque	6	
dito ordinaires, de noyer, cerisier et autres bois ordinaires, chaque	4	
dito de sap, chaque	2	
Tableaux peints à l'huile, avec ou sans cadres, 12 p. o/o *ad valorem.*		
dito gravés, coloriés ou non, avec cadres dorés de 6 à 8 pouces, sur 6 à 12 pouces, chaque		28
dito des mêmes, de 9 à 11 pouces, sur 13 à 15 pouces, chaque.		50
dito dito de 12 à 20 dito sur 16 à 24 dito dito		75
dito dito de 21 à 30 dito sur 25 à 34 dito dito	1	20
dito dito de 31 à 36 dito sur 35 à 40 dito dito	2	25
dito dito de plus grandes dimensions, 12 p. o/o *ad valorem.*		
NOTA. Les tableaux coloriés ou non, à cadres non dorés, dans les proportions ci-dessus, paieront la moitié du droit établi sur ceux à cadres dorés.		
Tablettes de peintre, en ivoire, la douzaine		24
dito pour peintre, en bois, dito		16
Tabliers en peau, chaque		75
Tafetas faux, de soie et de coton, l'aune		10
Tambours (caisses), en cuivre, chaque		40
dito dito en bois, dito		20
dito pour enfans, la douzaine		60
Tamis à farine, montés, dito	1	
dito à vesou, non montés, dito		50
Tapis de billard, chaque	4	
dito de pieds, de plus de 3 pieds de large, chaque		50
dito dito de moins de 3 pieds de large, dito		25
dito de chambre ou de salle, chaque	7	
dito fins pour tables, dito		75
Targettes en cuivre, la douzaine	1	50
dito en fer, dito		75
Tarrières assorties, dito		75
Tasses et soucoupes, en porcelaine fine, à fond doré, de toutes grandeurs, la douzaine	2	50
dito dito avec autres dorures, la douzaine	2	
dito dito de porcelaine unie ou à filets, dito	1	50
Tenailles, chaque		5
Télescopes portatifs, chaque	3	
dito grands, 12 p. o/o *ad valorem.*		
Terrailles en paniers ou en boucauts, chaque	1	50
dito en grenier, assorties, la pièce		2
Terre de pipes. (Voyez Ciment.)		
dito de Sienne, la livre		2
Thé en boîtes ou sans boîtes, la livre		25

DÉSIGNATION DES OBJETS.	Montant des dr. d'imp.	
	g.	c.
Theriaque, la livre		6
Thermomètres, grands de plus de 12 pouces, chaque		60
dito au-dessous de 12 pouces, la douzaine		60
Tierçons vides, de 10 à 30 gallons, chaque		6
Tiges de bottes, la paire		40
Tilles à charpentiers, la douzaine	1	
Tire-bouchons, dito		40
Tire-bottes, dito		40
Toiles fines, ordinaires, de fil ou de fil et coton, à chemises, de toutes fabriques, l'aune		10
dito très-communes, de fil ou de fil et coton, à chemises, de toutes fabriques, l'aune		5
Toiles de coton pur. (Voyez Coton.)		
dito grises, fines et ordinaires, de toutes fabriques, l'aune		5
dito très-communes, dito dito		2
Toiles à draps, de 3/4 à 4/4, l'aune		12
dito dito au-dessous de 4/4 à 6/4, l'aune		18
dito dito de 6/4, l'aune		30
dito damassées, larges de 4/4 et au-dessus, l'aune		12
dito dito au-dessous de 4/4, dito		8
dito à voile, l'aune		4
dito à sac, dito		2
dito cirées, dito		12
dito à emballage, l'aune		2
Tôle, le quintal		75
Tombeaux ou monumens en marbre, de toutes dimensions, chaque	20	
Toni-purgatif, le flacon		25
Tranchets à cordonnier, la douzaine		30
Traversins en plumes, chaque		50
Trébuchets, chaque		75
Tresses en or ou argent fin, pour gilets, l'aune		12
dito dito faux, dito		5
dito en soie, les 12 aunes		6
dito en laine, fil et coton, les 12 aunes		3
Trictracs, 12 p. 0/0 *ad valorem*.		
Tripoli, la livre		4
Trompettes, chaque		75
Trompes en fer, la grosse		60
Truelles pour maçons, la douzaine		50
Tuiles à couvrir, le millier	1	
Tulipes en or, pour chapeaux, chaque		50
dito en argent, pour schakots, dito		40
dito pour chapeaux, en cuivre doré ou argenté, la douzaine	2	50
dito en cuivre bruni, la douzaine		30
Tuyaux de fer ou de fonte, pour conduits d'eau, le quintal	2	
Vanille et autres parfums, en coque, la livre		75
Varlopes avec fers, la douzaine	1	50
dito sans fers, dito	1	
Veilleuses en verre, chaque		10
dito en porcelaine, dito		20
Velours de soie, cramoisi, en étoffe, l'aune		50
dito de soie, d'autres couleurs, en étoffe, l'aune		40
dito de coton fin, dito dito		25
dito dito ordinaire, dito dito		12

DÉSIGNATION DES OBJETS.	Montant des dr. d'imp. g.	c.
Vermicelle. (Voyez Pâte.)		
Vermillon, la livre		30
Vernis en bouteilles, la bouteille		12
Verreries : **Verres ou gobelets en cristal**, taillés, à pattes, avec couvercles ou étuis, chaque		75
— dito, dito, dito, coulés, des mêmes, chaque		50
— dito, dito, dito, taillés, sans pattes, avec étuis ou couvercles, chaque		50
— dito, dito, dito, coulés, des mêmes, chaque		40
NOTA. Les mêmes que dessus, sans étuis ni couvercles, paieront 10 centimes de moins.		
— **Verres et gobelets en verre fin**, taillés ou gravés, à pattes, la douzaine	1	
— dito, dito, dito, des même, sans pattes, la douzaine		75
— dito. dito, dito, coulés ou montés, à pattes, la douzaine		75
— dito, dito, dito, coulés ou montés, sans pattes, la douzaine		60
— dito, dito, dito, les mêmes, taillés, gravés et coulés, sans pattes ou à pattes, avec étuis ou couvercles, grands, chaq		15
— dito, dito, dito, les mêmes que dessus, moyens, chaque		7
— dito à liqueur ou de dessert, en cristal, taillés, à pattes, la douzaine		40
— dito, dito, dito, des mêmes, sans pattes, la douzaine		30
— dito, dito, en cristal. coulés, à pattes ou sans pattes, la douzaine		25
— dito, dito, ou de dessert, en verre, taillés, à pattes ou sans pattes, la douz.		20
— dito, dito, dito, en verre, coulés, à pattes ou sans pattes, la douz.		15
— dito de champagne, en cristal, la douzaine		50
— dito, dito, en verre, dito		40
— dito communs, dits de fougères, de toutes grandeurs, la douzaine		8
— dito à lampes ou à quinquets, la douzaine		48
— dito à montres, la grosse	2	50
— dito à lunettes (ordinaire ou de couleur), la grosse	1	50
— Verrines à fleurs, à cylindre, la paire	1	50
— dito unies, dito, dito		75
— dito en cristal, à embouts, pour chandeliers, la paire	1	50
— dito en verre, dito, dito, dito		75
Vert-de-gris, la livre		12
Vestes faites, en drap de toutes qualités, chaque	8	
dito, dito, en étoffes légères, diverses, dito	3	
Vilbrequins, avec mèches, assortis, la douzaine	1	
dito, sans mèches, dito, dito		50
Vin rouge et blanc, en barriques, la barrique de 60 gallons	4	
dito, dito, en caisses de 12 bouteilles, la caisse		40

DÉSIGNATION DES OBJETS.	Montant des dr. d'imp.	
	g.	c
Vin de Madère, de Ténériffe, de Malaga, de Brunty, de muscat, du Cap de Bonne-Espérance, en futailles, le gallon.......		15
dito de Champagne, de Porto, du Rhin, en caisses de 12 bouteilles, la caisse..................	1	
dito de muscat, de malvoisie et autres, de dessert, en caisse de 12 bouteilles, la caisse..................		75
dito blanc ou coloré, de Marseille, dit façon de Madère, en futailles, le gallon..................		15
Vinaigres en futailles diverses, le gallon..................		4
dito en dame-jeannes, chaque..................		25
dito en bouteilles, la douzaine..................		15
Violons et violoncelles, fins, avec boîtes, chaque..................	1	
dito communs et ordinaires, sans boîtes, dito..................		50
Vis en fer, pour lits, la douzaine..................		60
dito, petites, en cuivre, la grosse..................	1	
dito, dito, en fer, dito..................		75
Vitres. 12 p. o/o *ad valorem.*		
Vitriol, la livre..................		6
Voiles de dentelle, de tulle, de fil ou de soie, chaque..................	2	
dito de gaze et de mousseline, chaque..................		30
dito de dentelle de coton, dito..................		75
Voitures : Carrosses et calèches, chaque..................	100	
— Cabriolets et quitrines, dito..................	40	
— Chars-à-bancs et tilburys, dito..................	35	
— d'enfans, à ressorts, dito..................	2	
Vrilles assorties, la douzaine..................		18
Whisky en futailles de 60 gallons au moins, le gallon..................		50
dito en caisses de 12 flacons, la caisse..................	1	
dito en potiches d'une pinte et demie, les 12 potiches..................	1	
Zinc en feuilles et clous, la livre..................		2

TARIF N° 2.

Des droits d'exportation et de l'imposition territoriale.

DÉSIGNATION DES OBJETS.	Droit d'export.		Imposit. territor.	
	g.	c.	g.	c.
Amidon, le baril..................	2			50
Bœufs en vie, chaque..................	5			
Bouvards en vie, au-dessus de 2 ans, chaque..................	3			
Bois d'acajou, en planches ou en billes, les mille pieds.	10		12	
dito d'espinille, dito, dito, dito,.....	10		12	
dito de campêche, de gaïac, de fustic ou bois jaune, de brésillet, le millier pesant..................	3		3	
Cabrits en vie, chaque..................		50		

DÉSIGNATION DES OBJETS.	Droit d'export.		Imposit. territor.	
	g.	c.	g.	c.
Cacao, le millier pesant	6		4	
Café, dito	10		12	
Cassaves, la douzaine		12		12
Casse médicinale, le millier pesant	5		5	
Cire jaune, dito	20			
Citrons, le baril	1			50
Cochons en vie, chaque	1			
Cornes de bœuf, les cent cornes		50		
Chiffons (vieux), le millier pesant	1			
Cotons en soie, dito	8		8	
Cuirs de bœuf en poil, chaque		50		
dito de cheval, dito dito		50		
dito de mouton ou de cochon en poil, chaque		25		
dito de cabrit en poil, la douzaine	1			
Cocos, le cent		50		25
Ecaille, onglons de caret, le quintal	25			
Farine de manioc, le baril	1			50
dito de maïs, dito	1			50
Fécule d'arrowroot, en bouteilles, la bouteille		3		3
dito, dito, en caisses, la livre		3		3
Gigiri, le baril	2			50
Gingembre, le quintal	1			50
Gomme de gaïac et autres, le quintal	1			50
Huile de palma-christi, le gallon		50		25
Ignames, le baril		50		25
Indigo, le quintal	5		5	
Jus de citron en bouteilles, la douzaine		24		
dito, en barils ou en dame-jeannes, le gallon		8		2
Maïs en grains (le baril de 180 liv.), le baril		50		25
Moutons en vie, chaque	1			
Oranges et autres fruits d'arbres, le baril	1			50
Pistaches, le baril	2			50
Pois de toutes qualités, le baril	1			50
Pitte en crin, le quintal		50		25
Riz, le baril	1			50
Sirop de bassin ou de batterie, le millier	1	50	1	
dito de miel, le gallon		25		
Sucre brut, le millier	2		2	
dito terré, dito	3		3	
Tabac en feuilles, le quintal	1			50
dito en andouilles ou surons, le quintal	1			50
dito en cigares, le millier de cigares		25		25
Tafia, le baril de 55 à 60 gallons, chaque	1	50		

TARIF N° 3.

Droit de warfage à l'importation et à l'exportation.

DÉSIGNATION DES OBJETS.	Droits de warfage.	
	g.	c.
Acier, le quintal		6
Ail en macornes, les 100 macornes		50
dito en grenier, le quintal		4
Alambics avec leurs accessoires, chaque	2	
Ancres de navires, ou à jet, le quintal		6
Ardoisses en caisses, la caisse		25
Armoires, chaque	1	
Avirons, la douzaine		6
Bahuts, le jeu		12
Baignoires en cuivre ou ferblanc, chaque		50
dito en demi-bain, en cuivre ou ferblanc, chaque		25
dito en bois ou grandes bailles, chaque		4
Bailles en bahuts, le jeu		12
Balles de marchandises sèches, de 2 pieds et au-dessus, chaque		25
dito dito, dito, au-dessous de 2 pieds, dito		12
Barrillages de la grosseur d'un baril de farine, chaque		12
dito moitié moins, chaque		6
Barriques pleines, de 55 à 60 gallons, chaque		25
dito vides, dito, dito, dito		4
dito pleines, au-dessus de 60 gallons, dito		50
dito vides, dito, dito dito		8
Beurre en fréquins, le quintal		12
Balances fortes, chaque		50
dito à colonnes, chaque		6
dito de boutique, la douzaine		12
Bierre en tierçons, chaque		18
Biscuits en barils, chaque		12
dito en demi-barils, chaque		6
dito en sacs, le quintal		6
dito en petits barils ou fréquins, chaque		4
Billards, chaque	2	
Bœuf fumé, le quintal		12
Bois jaune, le millier		50
dito d'acajou ou d'espinille, les 1000 pieds réduits	1	
Boucauts en bottes, chaque		6
dito pleins. (Voyez les articles y contenus.)		
Briques, le millier		50
Brouettes, chaque		6
Buffets, dito	1	
Bureaux-secrétaires, chaque	1	
Bois équarris de pitchpin ou de sap, le millier		50
Cabriolets. (Voyez Voitures.)		
Cabrouets, grands et moyens, chaque		50
Cacao, le millier		50
Café, dito		50
Caisses de provisions, se vendant à la livre ou au cent, le quintal.		12
dito de marchandises sèches, de 2 pieds et plus, chaque		25
dito, dito, dito, au-dessous de 2 pieds, dito		12

DÉSIGNATION DES OBJETS.	Droits de warfage.	
	g.	c.
Campêche, le millier		50
Canapés divers, chaque		25
Carreaux de marbre, le millier	2	
dito de Barsac, la brasse		25
dito d'Alotte, de pierres de Bourg et autres grosses pierres de construction, la douzaine		25
Carrosses. (Voyez Voitures.)		
Cassettes, le jeu		12
Chaises diverses, la douzaine	1	
Chandelles en caisses, le quintal		12
Chapeaux, le boucaut		50
Chars-à-bancs. (Voyez Voitures.)		
Charbon de terre, le boucaut		50
Chaudières à sucre, chaque		25
Clous de toutes qualités, le quintal		12
Cochon fumé, le quintal		12
Carreaux ordinaires, le millier		50
Cloches en fer, fonte ou cuivre, le quintal		12
Commodes, chaque	1	
Cordages divers, le quintal		12
Cornes de bœuf, les 100 cornes		6
Coton, le millier		50
Cuirs de bœuf en poil, les 100 cuirs	1	
dito de cheval dito dito		50
dito de cabrit, mouton, cochon, les 100 cuirs		25
Cuivre, le quintal		6
Chapiteaux pour alambics, détachés, chaque		30
Couleuvres pour dito, dito, dito		30
Dames-jeannes de toutes grandeurs, vides ou pleines, chaque		2
Demi-baril, en général gros comme un demi-baril de farine, chaque		6
Denrées se vendant à la livre, au cent ou au millier, le millier		50
Digdales pleines ou vides, chaque		2
Dragées, par caisses de 12 bouteilles, ou 12 pobans, ou 30 fioles, la caisse		6
dito, par caisses doubles, la caisse		12
Ebichettes. (Voyez Tamis.)		
Etain, le quintal		6
Etaux, chaque		12
Enclumes, chaque		25
Echalottes en grenier, le quintal		4
dito en macornes, les 100 macornes		50
Essences diverses, le millier		50
Espars, chaque		6
Eau-de-vie (*mêmes droits que le genièvre et le whisky*).		
Faïence en boucauts, le boucaut		50
dito en paniers, le panier		36
dito en harasses, chaque		36
dito en grandes caisses, chaque		36
dito en mannequins ou demi-paniers, chaque		18
Farine de froment ou de seigle, le baril		12
dito, dito, dito, le demi-baril		6
Fer en barres, en saumons, en lames, le quintal		6
Ferraille, le boucaut		50
Ferremens, le tierçon		18

DÉSIGNATION DES OBJETS.	Droits de warfage.	
	g.	c.
Ferremens non en futailles, le quintal		6
Feuillards en fer, dito		6
dito en bois, le millier		50
Fréquins. (Voyez les articles y contenus.)		
Fromages, le quintal		12
Fruits à l'eau-de-vie, la caisse de 12 bouteilles, de 12 pobans ou 30 fioles, chaque		6
dito des mêmes, en caisses doubles, la caisse		12
Fontaines, chaque		12
Formes à sucre et canaris, la douzaine		12
Gaïac, le millier		50
Gingembre, le millier		50
Grapins, le quintal		6
Genièvre en futailles de 60 gallons, chaque futaille		25
dito, dito de plus de 60 gallons dito		50
dito en potiches ou en caisses, la caisse ou les 12 potiches		6
Harpes, chaque	1	
Horloges de maison (grosses), chaque	1	
dito de cuisine ou d'antichambre, chaque		25
Huiles en caisses de 12 bouteilles, 12 pobans ou 30 fioles, chaque.		6
dito, dito doubles, chaque		12
dito en touques, dito		2
dito en caves de 12 pobans, dito		4
dito en fréquins, dito		4
Jambons non enfutaillés, le quintal		12
Jarres assorties, chaque		12
Langues de bœuf fourrées, non enfutaillées, le quintal		12
Lard en planches, le quintal		12
Liqueurs de toutes qualités, en caisses de 12 bouteilles, 12 pobans ou 30 fioles, chaque		6
dito des mêmes, en caisses doubles, chaque		12
dito en ancres, l'ancre de 8 gallons, dito		6
dito, dito, dito de 4 dito et moins, chaque		3
Lattes, le millier		50
Lits divers, chaque	1	
Madère en barriques de 55 à 60 gallons, chaque		25
Maïs en grains ou en farine, le baril		12
dito, dito, dito, le demi-baril		6
Malles de marchandises sèches, de 2 pieds et au-dessus, chaque		25
dito dito, au-dessous de 2 pieds, dito		12
Marchandises en général, se vendant à la livre, au cent et au millier, le quintal		12
Mantègue en fréquins, le quintal		12
Matelas en cargaison, chaque		12
Merrains, le millier		50
Meules à aiguiser, assorties, la douzaine	1	
Morue, bacaliau, en boucauts, le boucaut		50
dito, dito, en tierçons, le tierçon		18
Moulins à vapeur, pour sucreries, chaque	1	
dito à vanner et piler le café, dito	1	
dito à peigner et à passer le coton, chaque	1	
dito à tabac, dito		25
dito à maïs, non enfutaillés, dito		4
Mortiers de fer ou de cuivre, pour pharmaciens, chaque		12

DÉSIGNATION DES OBJETS.	Droits de warfage.	
	g.	c.
Mortiers en marbre, assortis, la douzaine		24
Nattes de jonc, la douzaine		12
Oignons en grenier, le quintal		4
dito en macornes, les 100 macornes		50
Orgues, chaque		25
Osier, les 100 poignées		12
Paniers en osier, vides, assortis, la douzaine		12
Peaux diverses, non emballées, grandes, la douzaine		12
dito, dito, dito, petites, de cabrit, chèvre, mouton et cochon, la douzaine		6
Peintures en fréquins, le quintal		12
Pelles, la douzaine		6
Piano-forté, chaque	1	
Pièces à eau et à guildive, de 55 à 60 gallons, chaque		25
dito, dito, au-dessus de 60 gallons chaque		50
Pierres. (Voyez Carreaux.)		
Pinces et piquois, le quintal		6
Plomb en saumons et en planches, le quintal		6
Poids en fer ou en cuivre, pour balances, le quintal		6
Poêles et poêlons non enfutaillés, la douzaine		6
Pois de toutes sortes, le baril		12
dito dito, le demi-baril		6
Pompes à incendie, chaque	1	
dito à navire, dito		25
dito à puits et à manivelle, chaque		12
Presses hydrauliques, chaque	1	
dito d'imprimerie, dito	1	
dito à relieur, non encaissées, chaque		25
dito à timbrer, dito, dito		12
Poulies assorties, dito, la douzaine		6
Provisions en caisses. (Voyez Caisses)		
Quitrines. (Voyez Voitures.)		
Riz en boucauts, en tierçons, en demi-tierçons et en sacs, le quintal		12
Roues de cabrouet, détachées, la paire		40
dito de voiture, la paire		25
Rouleaux. (Voyez Toileries.)		
Sacs vides, non emballés, le cent		25
Salaisons, le tierçon		18
dito, le baril		12
dito, le demi-baril		6
dito, le fréquin, ou la cave de 12 pobans		4
Savon en caisses, le quintal		12
Secrétaires portatifs, en acajou ou autre bois, chaque		4
Serinettes, chaque		4
Sucre ou sirop, le millier		50
Soufflets de forge, non emballés, chaque		25
dito de boucher, non emballés, dito		12
Tabac en andouilles, non enfutaillées, le quintal		12
Tables de toutes espèces, chaque		25
Tamis de crin ou de laiton, la douzaine		25
Terrailles en boucauts, chaque		50
dito en paniers ou harasses, chaque		36
dito en grenier, les cent pièces	1	

DÉSIGNATION DES OBJETS.	Droits de warfage.	
	g.	c.
Tierçons. (Voyez les articles y contenus.)		
Toileries, le boucaut		50
dito, le tierçon		18
dito, telles que colette, toile d'emballage et autres non emballées, le rouleau		4
Tombereaux, chaque	1	
Tôle, le quintal		6
Tuiles, le millier		50
Trictracs, chaque		25
Tafia en barriques de 55 à 60 gallons, la barrique		25
dito, dito de plus de 60 gallons, dito		50
Vermicelle, macaroni et autres pâtes en caisses ou paniers, le quintal.		12
Vinaigre en barriques de 55 à 60 gallons, la barrique		25
dito en ancres, de 8 gallons, chaque		6
dito, dito de 4 gallons et moins, chaque		3
dito en fréquins, le fréquin		4
dito en caves de 12 pobans, la cave		4
Vin en barriques de 55 à 60 gallons, chaque		25
dito, dito de plus de 60 gallons, dito		50
dito en tierçons, chaque		18
dito en caisses de 12 bouteilles, ou 30 fioles, chaque		6
dito des mêmes, en caisses doubles, chaque		12
Voitures, carrosses, calèches, cabriolets, quitrines, chars-à-bancs et tilburys, chaque	2	
dito d'enfans, à ressorts, chaque		25
Whisky en futailles de 60 gallons, chaque		25
dito, dito de plus de 60 gallons, chaque		50
dito en potiches ou en caisses, la caisse ou les 12 potiches		6
Zinc en feuilles ou en clous, le quintal		6

TARIF N° 4.

Droits de pesage.

Les droits de pesage, à l'importation, se prélèvent sur toutes les marchandises qui se vendent à la livre, au quintal ou par tonneau, n'importe la désignation desdites marchandises, à raison de cinquante centimes par chaque millier pesant, ci.. 50 c.

Les droits de pesage, à l'exportation, se prélèvent sur toutes les denrées, bois de teinture et autres produits qui se vendent au poids, à raison de cinquante centimes le millier pesant, ci. 50 c.

TARIF N° 5.

Des droits de fontaines, là où il y en a, pour la commodité des bâtimens de commerce.

Par chaque bâtiment de 15 à 50 tonneaux........ 4
de 51 à 100 dito........ 8
de 101 à 150 dito........ 12
de 151 à 250 dito........ 16
de 251 à 300 dito et au-dessus. 20

www.ingramcontent.com/pod-product-compliance
Lightning Source LLC
LaVergne TN
LVHW020049170826
845678LV00001B/497